Abitur-Wortschatz

# Französisch-KOMPAKT

STARK

**Verfasst von:**
Isabel Beyer, Thomas Bernklau

**Umschlagbild:** © DrAfter123 / iStockphoto


www.stark-verlag.de
1. Auflage 2019

# Inhalt

**Autoren:** Isabel Beyer, Thomas Bernklau

# Vorwort

## Liebe Schülerin, lieber Schüler,

ein umfangreicher Wortschatz ist die Basis jeder Sprachkompetenz. Der vorliegende Band **Französisch-KOMPAKT Abitur-Wortschatz** enthält ca. 2 500 nach lehrplanrelevanten Themen geordnete französische Wörter. So können Sie Ihren Wortschatz festigen und sich auf Klausuren vorbereiten.

- Zu allen französischen Vokabeln finden Sie jeweils die **deutsche Bedeutung** sowie einen **französischen Beispielsatz**, an dem Sie die Verwendung des Wortes oder des Ausdrucks sehen können.
- Zusätzlich zum gedruckten Buch stehen Ihnen alle Vokabeln auch als digitale Lernkarten in der **Web-App MindCards** zur Verfügung. Die App enthält auch **MP3-Dateien**, mit denen Sie sich die richtige Aussprache anhören können. Nähere Informationen hierzu finden Sie auf der nächsten Seite.
- Die bei zahlreichen Wörtern angegebenen **Synonyme** bzw. **Antonyme** können Ihnen als Merkhilfe dienen oder Sie dabei unterstützen, Ihren Wortschatz gezielt zu erweitern.
- Ein Überblick über **wichtige strukturierende Wendungen** kann Ihnen vor allem für die eigene Sprach- und Textproduktion hilfreich sein.
- Der Anhang beinhaltet eine Übersicht geläufiger ***Faux amis*** zwischen dem Französischen und dem Deutschen sowie dem Französischen und dem Englischen. Außerdem finden Sie im Anhang ein Verzeichnis **französischer Abkürzungen** und deren Langform sowie deutsche Entsprechung.
- Im gesamten Band wurde die empfohlene französische Rechtschreibung, die sogenannte ***orthographe recommandée***, angewandt. Sie erlaubt in den meisten Fällen das Weglassen des Zirkumflex auf dem *i* und dem *u*.

Der Band eignet sich sowohl zum **Wiederholen** als auch zum gezielten **Neuerlernen** von Vokabeln. Besonders empfehlenswert ist die parallele Verwendung zum jeweiligen Unterrichtsthema, natürlich ist aber auch – v. a. im Hinblick auf die Abiturvorbereitung – ein unterrichtsunabhängiger Einsatz sinnvoll.

Wir wünschen Ihnen viel Freude beim Erweitern Ihres Wortschatzes!

Isabel Beyer

Thomas Bernklau

# Hinweise zu den digitalen Zusätzen

## MindCards – digitale Lernkarten mit Hörbeispielen

Die Vokabeln aus diesem Band stehen Ihnen auch als digitale Lernkarten in der Web-App **MindCards** zur Verfügung. Sie können sie online mit Ihrem Smartphone abrufen und haben so Ihren mobilen Karteikasten überall mit dabei. Hörbeispiele helfen Ihnen bei der richtigen Aussprache der Vokabeln.
Die MindCards können direkt im Browser geöffnet werden, eine Installation über einen App-Store ist nicht erforderlich. Scannen Sie einfach den nebenstehenden QR-Code mit dem Smartphone oder geben Sie den folgenden Link ein:
**https://www.stark-verlag.de/mindcards/945010d**

Und so arbeiten Sie mit den MindCards:

- Wählen Sie eines oder mehrere **(Teil-) Kapitel** aus, die Sie bearbeiten möchten.
- Tippen Sie dann auf **„alle Karten laden"**, um die Bearbeitung zu starten.
- Über den **Audio-Button** auf den Lernkarten können Sie sich die richtige Aussprache der französischen Begriffe anhören.
- Durch Tippen auf den Screen können Sie die Karte umdrehen, um sich die deutsche **Übersetzung** anzeigen zu lassen.
- Entscheiden Sie bei jeder Vokabel, ob Sie sie schon **sicher beherrschen** oder **noch nicht gewusst** hätten.
- Am Ende des Kapitels oder wenn Sie die Bearbeitung abbrechen, erhalten Sie eine **Auswertung**.
- Die Vokabelkarten werden dann in verschiedenen **„Stapeln"** abgelegt, sodass Sie z. B. alle Wörter, die Sie noch nicht gewusst haben, gesondert wiederholen können.

### Video „Strategien zum Vokabellernen“

Über den folgenden QR-Code oder Link können Sie sich ein Video mit vielen nützlichen Tipps zum Vokabellernen ansehen:
**http://qrcode.stark-verlag.de/vokabellernen-franzoesisch**

Im Hinblick auf eine eventuelle Begrenzung des Datenvolumens wird empfohlen, dass Sie sich bei der Nutzung der digitalen Zusätze im WLAN befinden.

# Abkürzungsverzeichnis

| | |
|---|---|
| f | *féminin* (weiblich) |
| m | *masculin* (männlich) |
| pl | *pluriel* (Plural) |
| qc | *quelque chose* (etwas) |
| qn | *quelqu'un* (jemanden = jdn.) |
| à qn | *à quelqu'un* (jemandem = jdm.) |
| adj. | *adjectif* (Adjektiv) |
| adv. | *adverbe* (Adverb) |
| imp. | *impersonnel* (unpersönliches Verb) |
| intr. | *intransitif* (intransitives Verb – ohne Zusatz eines Akkusativobjekts) |
| cond. | *conditionnel* (Konditional) |
| ind. | *indicatif* (Indikativ) |
| subj. | *subjonctif* (Subjonctif) |
| fam. | *familier* (umgangssprachlich) |
| péj. | *péjoratif* (abwertend) |
| syn./= | *synonyme* (Synonym) |
| ant./≠ | *antonyme* (Antonym) |

| | |
|---|---|
| dt. | deutsch(e) |
| etw. | etwas |
| jdn. | jemanden |
| jdm. | jemandem |

# L'être humain – Mensch

## 1 La famille et la vie commune – Familie und Zusammenleben

| mot français | dt. Bedeutung | phrase française | syn./ant. |
|---|---|---|---|
| **tomber amoureux, -se (de qn/qc)** | *sich in jdn./etw. verlieben* | Elle est tombée amoureuse dès leur premier rendez-vous. | = avoir un coup de cœur (pour qn/qc) |
| **avoir un coup de cœur (pour qn/qc)** | *sich in jdn./etw. verlieben* | Il a tout de suite eu un coup de cœur pour cette fille. | = tomber amoureux, -se (de qn/qc) |
| **la liaison (amoureuse)** | *(Liebes-)Beziehung, Verhältnis* | Ils ont une liaison amoureuse depuis cinq ans. | = la relation, l'aventure [f] amoureuse |
| **déclarer son amour [m] à qn** | *jdm. seine Liebe gestehen* | Il est difficile de déclarer son amour à quelqu'un. | |
| **sortir avec qn** | *mit jdm. (aus)gehen, mit jdm. zusammen sein* | Ils sortent ensemble depuis cinq ans. | |
| **séduire qn** | *jdn. verführen* | Pour séduire quelqu'un, il faut être attentionné. | |
| **la séduction** | *Verführung* | On dit que la séduction est un art. | |
| **séduisant, e** | *verführerisch, hinreißend* | Son sourire est très séduisant. | |
| **la passion** | *Leidenschaft* | Malgré sa passion pour lui, elle a épousé quelqu'un d'autre. | |
| **passionné, e** | *leidenschaftlich, begeistert* | Ils ont vécu un amour passionné ensemble. | = enthousiaste, brulant, e ≠ froid, e, raisonnable |

| mot français | dt. Bedeutung | phrase française | syn./ant. |
|---|---|---|---|
| **la tendresse** | *Zärtlichkeit* | Quand on aime une personne, on fait preuve de tendresse envers elle. | |
| **tendre** | *zärtlich* | Même après 30 ans de mariage, il est toujours très tendre avec sa femme. | |
| **se quitter** | *Schluss machen, sich trennen* | Ils se sont quittés après 10 ans de mariage. | = se séparer |
| **le chagrin d'amour** | *Liebeskummer* | À cause de son chagrin d'amour, elle ne mange plus depuis une semaine. | |
| **les rapports [m/pl] sexuels** | *Geschlechtsverkehr* | Tu crois que les jeunes ont des rapports sexuels ici plus tôt qu'ailleurs ? | |
| **le contraceptif** | *Verhütungsmittel* | Un contraceptif sert à éviter une grossesse non-désirée. | |
| **la pilule (contraceptive)** | *(Anti-Baby-)Pille* | Beaucoup de femmes choisissent la pilule comme contraceptif. | |
| **le préservatif** | *Kondom* | Le préservatif protège des maladies sexuellement transmissibles. | |
| **tomber enceinte** | *schwanger werden* | Marie est tombée enceinte à l'âge de 30 ans. | |
| **avorter** [intr.] | *abtreiben* | Avorter, c'est interrompre une grossesse. | |
| **la grossesse** | *Schwangerschaft* | En général, une grossesse dure 40 semaines. | |
| **le congé de maternité** | *Mutterschutz* | Marie est partie en congé de maternité six semaines avant la naissance de son bébé. | |

| mot français | dt. Bedeutung | phrase française | syn./ant. |
|---|---|---|---|
| **le congé parental d'éducation** | *Elternzeit* | Après la naissance d'un enfant, la plupart des femmes allemandes prennent un congé parental d'éducation. | |
| **l'état [m] civil** | *Familienstand* | Votre état civil ? – Marié. | = la situation de famille |
| **célibataire** | *ledig* | J'ai seulement des copines célibataires. | ≠ marié, e |
| **le petit ami, la petite amie** | *fester Freund/ feste Freundin* | J'ai une petite amie depuis une semaine. | = le copain, la copine |
| **le compagnon, la compagne** | *Lebensgefährte/ Lebensgefährtin* | Elle n'aime pas le nouveau compagnon de sa mère. | |
| **une relation durable** | *dauerhafte/ feste Beziehung* | Beaucoup de gens cherchent une relation durable. | |
| **se fiancer avec qn** | *sich mit jdm. verloben* | Après cinq ans de relation, il s'est enfin fiancé avec sa copine. | ≠ rompre ses fiançailles [f/pl] |
| **les fiançailles [f/pl]** | *Verlobung* | Ils ont annoncé leurs fiançailles à leurs parents. | |
| **le PACS** | *eingetragene Lebenspartnerschaft* | Le PACS est une alternative au mariage. | = le **pa**cte **c**ivil de **s**olidarité |
| **se pacser** | *eine eingetragene Lebensgemeinschaft eingehen* | Après cinq ans de vie commune, ils se sont pacsés. | |
| **demander qn en mariage** | *jdm. einen Heiratsantrag machen* | Elle voudrait que son copain la demande enfin en mariage. | |
| **se marier avec qn** | *jdn. heiraten* | Ils se sont mariés dans un château. | = épouser qn ≠ divorcer de qn |
| **le mariage (civil/ religieux)** | *(standesamtliche/kirchliche) Heirat, Hochzeit* | Pour certaines personnes, le jour de leur mariage est le plus beau de leur vie. | = les noces [f/pl] ≠ le divorce |

| mot français | dt. Bedeutung | phrase française | syn./ant. |
|---|---|---|---|
| **les noces [f/pl]** | *Hochzeit* | En Grande-Bretagne, les noces royales sont un événement national. | = le mariage<br>≠ le divorce |
| **le marié** | *Bräutigam* | Le marié a dansé avec son épouse. | |
| **la mariée** | *Braut* | La mariée était très nerveuse le jour du mariage. | |
| **le nom de jeune fille** | *Mädchenname* | Il est possible de garder son nom de jeune fille après le mariage. | |
| **l'époux [m], l'épouse [f]** | *Ehemann/ Ehefrau* | La robe de mon épouse était magnifique. | = le mari, la femme |
| **conjugal, e** | *ehelich, Ehe-* | Suite à des problèmes conjugaux, ils se sont séparés. | |
| **la lune de miel** | *Flitterwochen* | La lune de miel suit traditionnellement le mariage. | = le voyage de noces |
| **maternel, le** | *mütterlich, Mutter-* | L'amour maternel est souvent décrit comme instinctif. | ≠ paternel, le |
| **paternel, le** | *väterlich, Vater-* | Il a développé de vrais sentiments paternels après la naissance de son fils. | ≠ maternel, le |
| **la famille nombreuse** | *kinderreiche Familie* | Avec leurs six enfants, on peut les appeler famille nombreuse. | |
| **la famille monoparentale** | *Einelternfamilie* | Dans une famille monoparentale, il n'y a qu'un seul adulte. | |
| **le parent unique** | *Alleinerziehende*r* | En tant que parent unique, il ne peut presque plus sortir avec ses copains. | = le monoparent |
| **homosexuel, le** | *homosexuell* | En France, beaucoup de couples homosexuels se sont mariés depuis 2013. | = gay, lesbienne |

| mot français | dt. Bedeutung | phrase française | syn./ant. |
|---|---|---|---|
| **le mariage pour tous** | *Ehe für alle* | Depuis 2013, le mariage pour tous est possible en France. | |
| **la famille homoparentale** | *Regenbogenfamilie* | De plus en plus de familles homoparentales décident d'adopter un enfant. | |
| **la famille recomposée** | *Patchwork-Familie* | Les familles recomposées sont plus courantes qu'il y a trente ans. | |
| **le jumeau, la jumelle** | *Zwilling(sbruder/-schwester)* | Les jumeaux portent souvent les mêmes vêtements. | |
| **l'enfant** [m/f] **unique** | *Einzelkind* | Les enfants uniques n'ont ni frère ni sœur. | |
| **le fils adoptif, la fille adoptive** | *Adoptivtochter/Adoptivsohn* | Jusqu'à l'âge de 18 ans, il ne savait pas qu'il était un fils adoptif. | |
| **les parents** [m/pl] **adoptifs** | *Adoptiveltern* | La ville cherche des parents adoptifs pour des enfants maltraités. | |
| **éduquer qn** | *jdn. erziehen* | Ma mère a trouvé difficile de nous éduquer. | |
| **l'éducation** [f] | *Erziehung, Bildung* | L'éducation joue un rôle important dans la vie de chacun. | |
| **maltraiter qn** | *jdn. misshandeln, schlecht behandeln* | Il est accusé d'avoir maltraité ses enfants. | |
| **négliger qn/qc** | *jdn./etw. vernachlässigen* | Depuis la naissance de sa petite sœur, elle se plaint que ses parents la négligent. | = abandonner qn/qc, délaisser qn/qc ≠ s'occuper de qn/qc |
| **la maturité** | *Reife* | Respecter les autres est un signe de maturité. | |

| mot français | dt. Bedeutung | phrase française | syn./ant. |
|---|---|---|---|
| **tromper qn** | *jdn. betrügen, hintergehen* | Le mari trompe sa femme depuis cinq ans. | |
| **l'adultère** [m] | *Ehebruch* | Elle a quitté son mari quand il a avoué son adultère. | |
| **fidèle** | *treu* | Elle ne réussit pas à être fidèle, elle a trompé son copain plusieurs fois. | ≠ infidèle |
| **la fidélité** | *Treue* | Pour la plupart des gens, la fidélité est importante dans une relation amoureuse. | ≠ l'infidélité [f] |
| **l'infidélité** [f] | *Untreue* | À cause de l'infidélité de son épouse, il a demandé le divorce. | ≠ la fidélité |
| **divorcer** [intr.] | *sich scheiden lassen* | Ils ont décidé de divorcer parce qu'ils se disputaient tous les jours. | ≠ se marier |
| **le divorce** | *Scheidung* | Le jour du divorce, elle a beaucoup pleuré. | ≠ le mariage, les noces [f/pl] |
| **avoir le droit de garde** | *das Sorgerecht haben* | Après leur divorce, elle a eu le droit de garde de leurs enfants. | |
| **la pension alimentaire** | *Unterhalt, Alimente* | Ce sont souvent les hommes qui doivent verser une pension alimentaire après un divorce. | |
| **l'égalité** [f] **des sexes** | *Gleichstellung der Geschlechter, Gleichberechtigung* | Il reste encore beaucoup à faire pour l'égalité des sexes au travail. | |
| **s'épanouir** | *sich verwirklichen, sich entfalten* | Il est important de pouvoir s'épanouir dans sa vie professionnelle. | |
| **l'épanouissement** [m] | *Verwirklichung, Entfaltung* | Trouver son épanouissement en amour n'est pas toujours facile. | |

| mot français | dt. Bedeutung | phrase française | syn./ant. |
|---|---|---|---|
| **garder qn** | *auf jdn. aufpassen, jdn. beaufsichtigen* | Quand ma mère travaille, c'est ma grand-mère qui garde ma petite sœur. | = surveiller qn, s'occuper de qn |
| **la crèche** | *(Kinder-)Krippe* | Dans une crèche, on s'occupe des enfants tout petits. | |
| **l'assistant maternel, l'assistante maternelle** | *Tagesvater, Tagesmutter* | Elle ira à l'école à la rentrée, mais son petit frère restera chez l'assistante maternelle. | |
| **le parent, la parente** | *Verwandte*r* | J'ai une centaine de parents dans toute l'Europe. | |
| **les proches (parents)** [m/pl] | *Angehörige, nahe Verwandte* | Il est content de savoir que ses proches sont toujours là quand il ne va pas bien. | |
| **le neveu, la nièce** | *Neffe/Nichte* | Mon neveu et ma nièce sont les enfants de ma sœur. | |
| **les arrière-grands-parents** [m/pl] | *Urgroßeltern* | Mes arrière-grands-parents sont les grands-parents de mes parents. | |
| **les beaux-parents** [m/pl] | *Schwiegereltern; Stiefeltern* | Mes beaux-parents sont les parents de ma femme. | |
| **le beau-frère, la belle-sœur** | *Schwager/ Schwägerin* | Mon beau-frère est le mari de ma sœur. | |
| **le beau-fils, la belle-fille** | *Schwiegersohn/ -tochter; Stiefsohn/-tochter* | Ma belle-fille est la femme de mon fils. | |
| **le demi-frère, la demi-sœur** | *Halbbruder/ -schwester; Stiefbruder/ -schwester* | Mon demi-frère et ma demi-sœur n'ont pas le même père que moi. | |
| **le petit-fils, la petite-fille** | *Enkel*in* | Mon petit-fils est le fils de ma fille. | |

| mot français | dt. Bedeutung | phrase française | syn./ant. |
|---|---|---|---|
| **les petits-enfants** [m/pl] | *Enkelkinder* | Mes petits-enfants sont les enfants de mes enfants. | |
| **le décès** | *Tod(esfall)* | Le magasin est fermé pour cause de décès. | = la mort |
| **le veuf, la veuve** | *Witwe*r* | Je pensais qu'il était divorcé, mais en fait, il est veuf. | |
| **l'orphelin** [m], **l'orpheline** [f] | *Waise(nkind)* | Mon collègue est orphelin car ses parents sont morts. | |
| **le deuil** | *Trauer* | Le deuil est un processus long et difficile. | = la tristesse<br>≠ le bonheur |
| **être en deuil** | *trauern* | Elle est en deuil depuis la mort de son mari. | |
| **les condoléances** [f/pl] | *Beileid(sbezeugung)* | Après l'enterrement de son épouse, il a reçu beaucoup de cartes de condoléances. | |
| **les funérailles** [f/pl] | *Trauerfeier, Beisetzung, Begräbnis* | Elle a beaucoup pleuré pendant les funérailles de son grand-père. | |
| **enterrer qn** | *jdn. beerdigen, beisetzen* | Quand quelqu'un est mort, il faut l'enterrer ou l'incinérer. | |
| **l'enterrement** [m] | *Beerdigung* | J'ai beaucoup pleuré à l'enterrement de ma grand-mère. | = les funérailles [f/pl] |
| **la tombe** | *Grab(stätte)* | À la Toussaint, on fleurit les tombes dans les cimetières. | |
| **incinérer qn** | *jdn. einäschern* | Mon père préfère être incinéré plutôt que d'être enterré. | |
| **l'urne** [f] **(funéraire)** | *Urne* | Après l'incinération, on met les cendres dans une urne. | |

| mot français | dt. Bedeutung | phrase française | syn./ant. |
|---|---|---|---|
| **hériter qc de qn** | *etw. von jdm. erben* | Elle ne savait pas qu'elle allait hériter une maison de ses parents. | ≠ léguer qc à qn |
| **l'héritage** [m] | *Erbe, Erbschaft* | Ses parents lui ont laissé un gros héritage : trois appartements et 300 000 euros. | |
| **déshériter qn** | *jdn. enterben* | Les parents ont décidé de déshériter leur fils à cause de son comportement. | ≠ léguer qc à qn |
| **léguer qc à qn** | *jdm. etw. vererben* | Ma tante m'a légué la maison de famille. | ≠ hériter qc de qn<br>≠ déshériter qn de qc |

## 2 *Les relations personnelles et sociales –* Persönliche und soziale Beziehungen

| mot français | dt. Bedeutung | phrase française | syn./ant. |
|---|---|---|---|
| **le, la pote** [fam.] | *Kumpel, Freund*in* | Je vois mes potes tous les jours à l'école. | = l'ami [m], l'amie [f], le copain, la copine |
| **amical, e** | *freundlich, freundschaftlich* | Il a une relation amicale avec sa voisine. | = cordial, e, chaleureux, -se<br>≠ froid, e |
| **le cercle d'amis** | *Freundeskreis* | Je n'ai qu'un petit cercle d'amis, mais j'en suis content. | |
| **l'entourage** [m] | *Umfeld, Umgebung* | Une personne de mon entourage ne va pas bien en ce moment. | |
| **l'invité** [m], **l'invitée** [f] | *Gast* | Mon père fait la cuisine pour 10 invités ce soir. | |

| mot français | dt. Bedeutung | phrase française | syn./ant. |
|---|---|---|---|
| **l'hôte [m], l'hôtesse [f]** | *Gast, Gastgeber*in* | L'hôte peut être l'invité ou la personne qui invite. | |
| **se faire du souci pour qn** | *sich um jdn. sorgen/Sorgen machen* | Elle se fait du souci pour son mari malade. | |
| **respecter qn/qc** | *jdn./etw. respektieren, achten* | Il faut respecter ses parents et ses professeurs. | = mépriser qn/qc |
| **conseiller qn** | *jdn. beraten* | Ma mère me conseille quand j'ai des problèmes. | |
| **compter sur qn/qc** | *auf jdn./etw. zählen, sich auf jdn./etw. verlassen* | Je peux compter sur mon père, il m'écoute toujours. | |
| **supporter qn/qc** | *jdn./etw. ertragen* | Je ne supporte plus le bruit des travaux ! | = tolérer qn/qc |
| **reprocher qc à qn** | *jdm. etw. vorwerfen, vorhalten* | Ma mère reproche à mon père de travailler trop. | |
| **soupçonner qn** | *jdn. verdächtigen, in Verdacht haben* | Je ne trouve plus mon portefeuille. Je soupçonne mon collègue de l'avoir pris. | |
| **impressionner qn** | *jdn. beeindrucken* | Elle a impressionné sa copine en lui écrivant un long poème. | ≠ décevoir qn |
| **décevoir qn** | *jdn. enttäuschen* | Quand on est amoureux, on ne veut pas décevoir l'autre. | ≠ impressionner qn |
| **être déçu, e (par/de qn/qc)** | *(von jdm./etw.) enttäuscht sein* | Mes parents sont déçus de l'attitude de mon frère. | |
| **en vouloir à qn** | *jdm. böse sein, jdm. etw. nachtragen* | J'en veux à mon copain : il a oublié notre rendez-vous de ce soir. | = être fâché, e contre qn |

| mot français | dt. Bedeutung | phrase française | syn./ant. |
|---|---|---|---|
| **bien/mal traiter qn** | *jdn. gut/schlecht behandeln* | En général, mes parents me traitent bien. | |
| **adresser la parole à qn** | *jdn. ansprechen, anreden* | Souvent, elle est trop timide pour adresser la parole aux garçons. | = s'adresser à qn, aborder qn |
| **faire la connaissance de qn, faire connaissance avec qn** | *jdn./etw. kennenlernen* | J'ai fait la connaissance d'un garçon sympa à la fête de Lucas. | = rencontrer qn |
| **se donner rendez-vous, donner rendez-vous à qn** | *sich (mit jdm.) verabreden* | On s'est donné rendez-vous à 20 heures devant le cinéma. | = fixer rendez-vous (avec qn) |
| **rendre visite à qn** | *jdn. besuchen* | Le samedi, mon copain Daniel me rend visite. | = aller voir qn |
| **aller voir qn** | *jdn. besuchen (gehen)* | Le dimanche, je vais voir ma copine Zoé chez elle. | = rendre visite à qn |
| **venir voir qn** | *jdn. besuchen (kommen)* | Ma tante vient nous voir tous les vendredis. | |
| **présenter qn (à qn)** | *jdn. (jdm.) vorstellen* | Tu veux que je te présente à ma copine ? | |
| **faire la bise à qn** | *jdn. (auf die Wange) küssen* | En France, les gens se font la bise pour se dire bonjour. | |
| **serrer la main à qn** | *jdm. die Hand geben, drücken* | En Allemagne, les gens se serrent la main pour se dire bonjour. | = donner la main à qn |
| **tutoyer qn** | *jdn. duzen* | Les élèves n'ont pas le droit de tutoyer les professeurs. | ≠ vouvoyer qn |
| **vouvoyer qn** | *jdn. siezen* | Il faut vouvoyer les adultes. | ≠ tutoyer qn |
| **souhaiter la bienvenue à qn** | *jdn. willkommen heißen* | Elle a souhaité la bienvenue à ses invités. | |
| **se confier à qn** | *sich jdm. anvertrauen* | Il s'est confié à son meilleur ami. | |

| mot français | dt. Bedeutung | phrase française | syn./ant. |
|---|---|---|---|
| **se lier d'amitié (avec qn)** | *sich (mit jdm.) anfreunden, (mit jdm.) Freundschaft schließen* | Je me suis tout de suite lié d'amitié avec la nouvelle fille de notre classe. | |
| **fréquenter qn** | *mit jdm. Umgang haben, verkehren* | Ma sœur fréquente des gens que je trouve bizarres. | |
| **tenir compagnie à qn** | *jdm. Gesellschaft leisten* | Tu veux bien rester me tenir compagnie ? | |
| **se comporter** | *sich verhalten, benehmen* | Elle se comporte toujours bien avec mes parents. | = se conduire |
| **le comportement** | *Verhalten, Benehmen* | À cause de son comportement, son professeur a appelé ses parents. | = la conduite |
| **convenir à qn** | *jdm. passen, angenehm sein* | J'ai réservé une table à 20 heures. Cela te convient ? | |
| **la réputation** | *Ruf* | Je trouve important d'avoir une bonne réputation. | |
| **déranger qn** | *jdn. stören* | J'allume la radio, ça ne te dérange pas ? | |
| **le conflit** | *Konflikt, Auseinandersetzung* | Il est normal qu'il y ait des conflits entre les parents et leurs enfants. | = la querelle, la dispute ≠ l'entente [f], la réconciliation |
| **la dispute** | *Streit, Auseinandersetzung* | Après cette dispute, je suis sorti pour me calmer. | = la querelle, le conflit ≠ l'entente [f], la réconciliation |
| **la connivence** | *Übereinstimmung* | Il y a beaucoup de connivences entre ses filles. | ≠ la divergence, le désaccord |
| **la divergence** | *Meinungsverschiedenheit* | Dans une discussion vive, il est normal d'avoir des divergences. | = le désaccord |

| mot français | dt. Bedeutung | phrase française | syn./ant. |
|---|---|---|---|
| **injurier qn** | *jdn. beschimpfen* | Même quand on se dispute, on n'a pas le droit d'injurier l'autre. | = insulter qn, offenser qn |
| **vexer qn** | *jdn. beleidigen, kränken* | Elle m'a beaucoup vexé en me disant que j'étais paresseux. | = froisser qn, offenser qn |
| **faire ses excuses (à qn)** | *sich (bei jdm.) entschuldigen* | Après notre dispute, ma copine est venue me faire ses excuses. | = demander pardon (à qn), s'excuser (auprès de qn) |
| **pardonner (qc) à qn** | *jdm. (etw.) verzeihen, vergeben* | Je suis allé trop loin. Tu me pardonnes ? | |
| **prier qn de faire qc** | *jdn. bitten etw. zu tun* | Nous allons fermer, je vous prie de bien vouloir partir, maintenant. | = demander à qn de faire qc |
| **demander un service à qn** | *jdn. um einen Gefallen bitten* | Je peux te demander un service ? Tu peux aller chercher de l'eau ? | |
| **servir de qc** | *als etw. dienen* | Je sers toujours de médiateur entre mon frère et ma mère. | |
| **la politesse** | *Höflichkeit* | Serrer la main à quelqu'un est un signe de politesse. | ≠ l'impolitesse [f] |
| **poli, e** | *höflich* | Ma mère trouve mon nouveau copain très poli. | ≠ impoli, e, malploi, e |
| **chaleureux, -se** | *herzlich, warm* | J'adore son comportement chaleureux avec ma famille. | ≠ froid, e |
| **reconnaissant, e (envers qn)** | *(jdm.) dankbar, erkenntlich* | Sois reconnaissant envers tes parents. | ≠ ingrat, e (envers qn) |
| **sociable** | *gesellig, umgänglich* | Tout le monde adore ma mère, c'est vraiment une personne sociable. | = ouvert, e, ≠ renfermé, e, distant, e, timide |

| mot français | dt. Bedeutung | phrase française | syn./ant. |
|---|---|---|---|
| **distant, e** | *zurückhaltend, distanziert* | Mon nouveau copain est plutôt distant. | = renfermé, e ≠ sociable, ouvert, e |
| **renfermé, e** | *verschlossen, in sich gekehrt* | Les personnes renfermées ont du mal à se lier d'amitié avec des gens. | = distant, e ≠ ouvert, e, sociable |
| **optimiste** | *zuversichtlich, optimistisch* | Au sujet de son travail, il est toujours optimiste. | ≠ pessimiste |
| **pessimiste** | *schwarzseherisch, pessimistisch* | L'attitude pessimiste de ma mère m'énerve. | ≠ optimiste |
| **misanthrope** | *menschenscheu, menschenfeindlich* | Les misanthropes méprisent l'humanité. | ≠ philanthrope, sociable |

## 3 *L'habitat* – Wohnen

| mot français | dt. Bedeutung | phrase française | syn./ant. |
|---|---|---|---|
| **l'avantage** [m] | *Vorteil* | L'avantage d'habiter à la campagne, c'est qu'il y a peu de bruit. | ≠ l'inconvénient [m] |
| **l'inconvénient** [m] | *Nachteil* | L'inconvénient d'habiter à la campagne, c'est qu'on ne peut pas sortir le soir. | ≠ l'avantage [m] |
| **la tranquillité** | *Ruhe, Stille* | Je préfère la tranquillité de la campagne au bruit de la ville. | = le calme, le silence |
| **tranquille** | *ruhig, still* | Mon nouvel appartement est très tranquille. | = calme, silencieux, -se |
| **respirer** | *atmen* | À la campagne, on respire mieux qu'en ville. | ≠ étouffer |
| **le marché du logement** | *Wohnungsmarkt* | Il n'y a presque pas d'appartements libres sur le marché du logement parisien. | = le marché immobilier, l'immobilier [m] |

| mot français | dt. Bedeutung | phrase française | syn./ant. |
|---|---|---|---|
| **la crise du logement** | *Wohnungskrise* | À cause de la crise du logement, les loyers sont très élevés. | |
| **louer qc** | *etw. (ver)mieten* | Je n'ai pas les moyens d'acheter un appartement. Je vais en louer un. | |
| **le loyer** | *Miete* | Le loyer a augmenté de 100 euros cette année. | |
| **le, la locataire** | *Mieter*in* | Le locataire paie le loyer tous les mois. | ≠ le, la propriétaire |
| **le résident, la résidente** | *Bewohner*in, Anwohner*in* | Les résidents de l'immeuble ont participé à la Fête des Voisins. | |
| **le domicile (fixe)** | *(fester) Wohnsitz* | Son domicile fixe se trouve à Paris. | = la résidence |
| **la résidence (principale/secondaire)** | *(Haupt-/Zweit-) Wohnsitz* | Il a une résidence secondaire en Provence. | = le domicile |
| **le studio** | *Einzimmerwohnung, Appartement* | Pendant mes études, j'habitais dans un petit studio. | |
| **le deux-pièces** | *Zweizimmerwohnung* | Après mes études, j'ai loué un joli deux-pièces. | = T2, F2 |
| **la maison (individuelle)** | *Einfamilienhaus* | Notre maison est très grande. | = le pavillon |
| **la cohabitation (intergénérationnelle)** | *(generationenübergreifende) Wohngemeinschaft* | Beaucoup d'étudiants vivent en cohabitation. | |
| **le, la concierge** | *Hausmeister*in* | En France, on trouve encore des concierges qui gardent les immeubles. | |

| mot français | dt. Bedeutung | phrase française | syn./ant. |
|---|---|---|---|
| **donner sur qc** | *auf etw. hinausgehen* | Heureusement que ma chambre donne sur le jardin et pas sur la rue. | |
| **déménager** [intr.] | *ausziehen, umziehen* | Ils ont déjà fait tous les cartons parce qu'ils vont déménager dans une semaine. | ≠ emménager [intr.], s'installer |
| **s'installer** | *sich einrichten, niederlassen* | Ma famille va quitter Paris et s'installer à la campagne. | = emménager [intr.] ≠ déménager [intr.] |
| **faire chauffer qc** | *etw. aufheizen, erhitzen, aufkochen* | Elle fait chauffer de l'eau pour faire du thé. | ≠ laisser refroidir qc |
| **le chauffage** | *Heizung* | Quand il fait froid, j'allume le chauffage. | |
| **la femme au foyer, l'homme** [m] **au foyer** | *Hausfrau/-mann* | Une femme au foyer s'occupe des tâches ménagères. | |
| **faire le ménage** | *den Haushalt führen* | Qui fait le ménage chez vous ? Ta mère ou ton père ? | |
| **la femme de ménage, l'homme** [m] **de ménage** | *Reinigungskraft* | Notre femme de ménage nettoie toute la maison une fois par semaine. | |
| **la tâche ménagère** | *Hausarbeit [Aufgabe im Haushalt]* | Passer l'aspirateur est une tâche ménagère. | |
| **faire la vaisselle** | *abspülen, abwaschen* | Nous n'avons pas de lave-vaisselle, alors il faut faire la vaisselle tous les jours. | |
| **passer l'aspirateur** [m] | *staubsaugen* | Je dois encore passer l'aspirateur à cause de mes chats. | |

| mot français | dt. Bedeutung | phrase française | syn./ant. |
|---|---|---|---|
| **repasser (qc)** | *(etw.) bügeln* | Il faut que je repasse mes chemises. | |
| **débarrasser la table** | *den Tisch abräumen* | À la fin du repas, les enfants débarrassent la table. | ≠ mettre la table |
| **laver le linge** | *Wäsche waschen* | Quand le linge est sale, il faut le laver. | = faire la lessive |
| **la machine à laver** | *Waschmaschine* | La machine à laver se trouve dans la salle de bains ou à la cave. | |
| **sécher (qc)** | *(etw.) trocknen* | Après avoir lavé le linge, on le fait sécher. | |
| **l'entrée** [f] | *Eingang(sbereich)* | Il accueille ses invités dans l'entrée de l'appartement. | |
| **le bureau** | *Arbeitszimmer, Schreibtisch* | Il a travaillé toute la journée dans son bureau. | |
| **le lavabo** | *Waschbecken* | Dans toutes les salles de bains, il y a au moins un lavabo. | |
| **le miroir** | *Spiegel* | Le matin, je me coiffe en me regardant dans le miroir. | = la glace |

## 4 *La santé* – Gesundheit

| mot français | dt. Bedeutung | phrase française | syn./ant. |
|---|---|---|---|
| **nourrir qn** | *jdn. ernähren* | Nourrir l'ensemble de l'humanité est un défi important. | |
| **la mortalité** | *Sterblichkeit* | La mortalité des bébés dans les pays occidentaux a diminué au cours des 100 dernières années. | |

| mot français | dt. Bedeutung | phrase française | syn./ant. |
|---|---|---|---|
| le fumeur, la fumeuse | *Raucher*in* | Les fumeurs meurent souvent plus tôt que les non-fumeurs. | ≠ le non-fumeur, la non-fumeuse |
| vacciner qn | *jdn. impfen* | Il est conseillé de faire vacciner les enfants. | |
| le vaccin | *Impfstoff* | On a trouvé des vaccins contre la plupart des maladies dangereuses. | |
| la maladie cardio-vasculaire | *Herz- und Gefäßerkrankung* | Quand on fume, on risque d'attraper une maladie cardio-vasculaire. | |
| contagieux, -se | *ansteckend, übertragbar* | La grippe est une maladie très contagieuse. | |
| le handicapé, la handicapée | *Mensch mit Behinderung* | Pour aider les élèves handicapés, il y a des rampes dans les écoles. | |
| le fauteuil roulant | *Rollstuhl* | Grâce à son fauteuil roulant, il peut circuler librement en ville. | |
| aveugle | *blind, sehbehindert* | Un système d'écriture spécial permet aux personnes aveugles de lire. | |
| sourd, e | *taub* | Elle est sourde, mais cela ne la gêne pas trop dans la vie. | |
| muet, te | *stumm* | Les premiers films étaient muets. | |
| le cancer | *Krebs* | Le cancer tue beaucoup de Français chaque année. | |
| le sida | *AIDS* | Le sida est une maladie dangereuse. | |
| séropositif, -ve | *HIV-positiv* | Les personnes qui ont attrapé le sida sont séropositives. | ≠ séronégatif, -ve |

| mot français | dt. Bedeutung | phrase française | syn./ant. |
|---|---|---|---|
| **guérir** [intr.] | *(ver)heilen, gesund werden* | En général, les plaies guérissent mieux à l'air libre. | |
| **guérir qn/qc** | *jdn./etw. heilen* | Malheureusement, on ne peut pas guérir toutes les maladies. | |
| **le remède** | *(Heil-)Mittel, Arznei* | Heureusement qu'il y a des remèdes contre beaucoup de maladies. | = le médicament |
| **la Sécurité sociale** | *Sozialversicherung [Frankreich]* | En France, on a instauré la Sécurité sociale après la Seconde Guerre mondiale. | |
| **l'assurance** [f] **maladie** | *Krankenversicherung* | L'assurance maladie paie une grande partie des frais médicaux. | |
| **vieillir** | *altern, alt werden* | Plus mes parents vieillissent, plus je dois m'occuper d'eux. | ≠ rajeunir |
| **le vieillissement** | *Altern, Altwerden* | Le vieillissement de la peau est un problème pour beaucoup de gens. | ≠ le rajeunissement |

# *La communication et les médias* – Kommunikation und Medien

## 1 *La presse* – Presse

| mot français | dt. Bedeutung | phrase française | syn./ant. |
|---|---|---|---|
| **la presse écrite/ numérique** | *Printmedien, Onlinepresse* | Comme beaucoup de gens préfèrent la presse numérique, la presse écrite traverse une crise. | |
| **l'actualité** [f] | *Zeit-, Tagesgeschehen* | On peut se renseigner sur l'actualité dans un journal. | |
| **le lecteur, la lectrice** | *Leser*in* | Le journal *Le Monde* a perdu beaucoup de lecteurs. | |
| **informer qn (sur qc)** | *jdn. (über etw.) informieren, unterrichten* | Les médias informent les gens sur l'actualité. | = renseigner qn (sur qc) |
| **s'adresser à qn/qc** | *sich an jdn./etw. wenden* | Le magazine *Phosphore* s'adresse aux adolescents. | |
| **s'abonner à qc** | *etw. abonnieren* | Mes parents se sont abonnés au *Point*. | |
| **l'abonné** [m], **l'abonnée** [f] | *Abonnent*in* | L'abonné reçoit le journal tous les jours. | |
| **la presse à sensation** | *Regenbogenpresse* | Beaucoup de gens lisent la presse à sensation uniquement chez le médecin. | |
| **la presse périodique** | *Zeitschriftenpresse, Zeitschriften* | La presse périodique parait régulièrement. | |
| **le quotidien** | *Tageszeitung* | *Le Monde* est un quotidien français. | |
| **l'hebdomadaire** [m] | *Wochenzeitung* | *L'Express* est un hebdomadaire français. | |

| mot français | dt. Bedeutung | phrase française | syn./ant. |
|---|---|---|---|
| **le mensuel** | *Monatszeitung* | Un mensuel parait une fois par mois. | |
| **éditer qc** | *etw. herausgeben, verlegen* | La maison d'édition vient d'éditer un nouveau manuel scolaire de maths. | = faire paraitre qc |
| **l'éditeur** [m], **l'éditrice** [f] | *Verleger*in* | Il veut publier son premier livre. Il doit donc trouver un éditeur. | |
| **la publication** | *Veröffentlichung, Herausgabe* | Tout le monde attend la publication de son nouveau roman. | |
| **paraitre** [intr.] | *erscheinen, herauskommen* | *L'Express* parait le mercredi. | |
| **être tiré, e à… exemplaires** | *eine Auflage von … Exemplaren haben* | Le chef voudrait que le nouveau quotidien soit tiré à 250 000 exemplaires. | |
| **le tirage** | *Auflage* | À cause d'Internet, le tirage des journaux imprimés est de plus en plus faible. | |
| **le rédacteur (en chef), la rédactrice (en chef)** | *(Chef-) Redakteur*in* | La rédactrice et l'auteur doivent se mettre d'accord avant de publier un article. | |
| **la une** | *Titelseite, erste Seite* | Les informations les plus importantes se trouvent à la une. | |
| **le gros titre** | *Schlagzeile* | Quand je n'ai pas le temps de lire le journal entier, je ne lis que les gros titres. | |
| **la nouvelle** | *Nachricht, Meldung* | Tu as déjà lu les nouvelles d'aujourd'hui ? | = l'information [f] |
| **l'édito(rial)** [m] | *Leitartikel* | L'éditorial traite souvent d'un sujet d'actualité. | |

| mot français | dt. Bedeutung | phrase française | syn./ant. |
|---|---|---|---|
| **l'article** [m] | *Artikel* | L'article le plus important d'un journal se trouve à la une. | |
| **le reportage** | *Bericht, Reportage* | Le reportage sur la famine en Afrique m'a rendu très triste. | |
| **la colonne** | *Spalte, Kolumne* | En général, les articles de journal sont rédigés en colonnes. | |
| **la rubrique** | *Rubrik, Sparte* | La rubrique préférée de ma mère, c'est la rubrique économique. | |
| **les petites annonces** [f/pl] | *Kleinanzeigen* | Mon père lit toujours les petites annonces. | |
| **les faits divers** [m/pl] | *Vermischtes* | La rubrique des faits divers rapporte souvent les délits ou les crimes. | |
| **le courrier des lecteurs** | *Leserbriefe* | La plupart des journaux ont une rubrique « courrier des lecteurs ». | |
| **la source d'information** | *Informationsquelle* | Je ne suis pas sûr qu'Internet soit une meilleure source d'information qu'un journal. | |
| **vérifier qc** | *etw. überprüfen, kontrollieren* | Les journalistes doivent vérifier les faits avant de rédiger un article. | = contrôler qc |
| **rectifier qc** | *etw. richtigstellen, berichtigen* | Le journaliste doit rectifier son erreur. | ≠ falsifier qc |
| **falsifier qc** | *etw. verfälschen, verschleiern* | Il est interdit de falsifier des documents officiels. | ≠ rectifier qc |
| **les fausses nouvelles** | *Fake-News* | Les fausses nouvelles posent problème, surtout à l'approche des élections. | = les fake news, les infox [f. pl.] |

| mot français | dt. Bedeutung | phrase française | syn./ant. |
|---|---|---|---|
| **censurer qc** | *etw. zensieren* | Censurer, c'est interdire. | |
| **la censure** | *Zensur* | Quelques journaux ont été interdits par la censure. | |
| **objectif, -ve** | *objektiv, sachlich* | Les journalistes doivent être objectifs. | ≠ subjectif, -ve |
| **diffamer qn** | *jdn. verleumden, diffamieren* | La vedette est diffamée dans cet article. | |
| **la liberté de la presse** | *Pressefreiheit* | La loi de la liberté de la presse a été instaurée le 29 juillet 1881. | |
| **la liberté d'expression** | *Meinungsfreiheit* | La liberté d'expression a des limites, on n'a pas le droit de tenir des propos racistes, par exemple. | |

## 2 *Le téléphone, la radio et la télévision* – Telefon, Radio und Fernsehen

| mot français | dt. Bedeutung | phrase française | syn./ant. |
|---|---|---|---|
| **l'appel** [m] **(téléphonique)** | *(Telefon-)Anruf* | Mon portable sonne sans arrêt : j'ai déjà eu 10 appels ce matin. | = le coup de téléphone, le coup de fil |
| **le coup de téléphone** [fam.] | *(Telefon-)Anruf* | Ma mère passe un coup de téléphone à sa mère tous les matins. | = l'appel [m] (téléphonique), le coup de fil [fam.] |
| **le portable** | *Handy* | Je ne pourrais plus vivre sans mon portable. | = le téléphone portable |
| **le smartphone** | *Smartphone* | Un smartphone a presque les mêmes fonctions qu'un ordinateur. | |

| mot français | dt. Bedeutung | phrase française | syn./ant. |
|---|---|---|---|
| **l'écran** [m] **tactile** | *Touchscreen* | Je trouve les écrans tactiles plus pratiques que les touches. | |
| **l'appli(cation)** [f] | *App, Anwendung* | Ma sœur a plus d'une centaine d'applications sur son portable. | |
| **le texto** | *SMS* | Elle m'a envoyé un texto pour me dire qu'elle arriverait en retard. | = le SMS |
| **le message** | *Nachricht* | Elle m'a écrit un message sur WhatsApp pour me féliciter de mon bon travail. | |
| **l'emoji** [m] | *Emoticon, Smiley* | À mon avis, ma copine utilise trop d'emojis. | = l'émoticône [f] |
| **le forfait** | *Vertrag* | Je vais changer mon forfait de portable parce que je le trouve trop cher. | |
| **composer un numéro** | *eine Nummer wählen* | Elle a composé le mauvais numéro. | = faire un numéro |
| **l'indicatif** [m] | *Vorwahl* | L'indicatif téléphonique de la France, c'est le « 0033 ». | |
| **le répondeur (automatique)** | *(automatischer) Anrufbeantworter* | Elle a laissé cinq messages sur son répondeur, mais il ne la rappelle pas. | |
| **la boite vocale** | *Mailbox* | Laissez un message sur la boite vocale après le bip sonore. | = la messagerie (vocale) |
| **raccrocher** | *auflegen* | Je n'ai plus de batterie, je dois raccrocher, bisous ! | ≠ décrocher |
| **rappeler qn** | *jdn. zurückrufen* | Je suis en train de manger. Je peux te rappeler ? | |
| **les pages** [f/pl] **jaunes** | *gelbe Seiten* | Elle a trouvé un très bon médecin dans les pages jaunes. | |

| mot français | dt. Bedeutung | phrase française | syn./ant. |
|---|---|---|---|
| **télécopier qc** | *etw. faxen* | Dans beaucoup d'entreprises, on ne télécopie plus, on envoie par e-mail. | = faxer qc |
| **l'audiovisuel** [m] | *audiovisuelle Medien* | L'audiovisuel utilise le son et l'image pour divertir les gens. | |
| **la station (de radio)** | *(Radio-)Sender* | Le Mouv' est une station de radio française. | |
| **l'onde** [f] | *Welle* | On peut dire « à la radio » ou « sur les ondes ». | |
| **public, publique** | *öffentlich, staatlich* | France 2 est une chaine de télévision publique française. | ≠ privé, e |
| **privé, e** | *privat* | M6 est une chaine de télévision privée française. | ≠ public, publique |
| **l'émission** [f] **(radiophonique/télévisée)** | *(Radio-/Fernseh-) Sendung* | Il y a des émissions télévisées pour toutes les tranches d'âge. | |
| **l'auditeur** [m], **l'auditrice** [f] | *Hörer*in* | L'animateur dit bonjour aux auditeurs au début de l'émission. | |
| **le streaming** | *Streaming* | Les plateformes de streaming n'arrêtent pas de se multiplier. | = la diffusion en continu |
| **le podcast** | *Podcast* | Écouter des podcasts me détend autant que lire ou écouter de la musique. | |
| **le livre audio** | *Hörbuch* | Le soir, j'écoute des livres audio au lit. | |
| **la télé** | *Fernseher* | Je vais équiper ma télé d'un lecteur blu-ray. | = le téléviseur |

| mot français | dt. Bedeutung | phrase française | syn./ant. |
|---|---|---|---|
| **le téléspectateur, la téléspectatrice** | *Fernsehzuschauer*in* | Cette émission a attiré l'attention de millions de téléspectateurs. | |
| **la chaine de télévision (publique/privée)** | *(staatlicher/privater) Fernsehsender* | Ma chaine de télévision préférée, c'est la chaine privée TF1. | |
| **la télévision (codée) à péage** | *(verschlüsseltes) Pay-TV* | Canal+ est une chaine de télévision codée à péage. | |
| **capter qc** | *etw. empfangen, hereinbekommen* | Tu as de la chance de capter autant de chaines de télévision. | = recevoir qc |
| **diffuser qc** | *etw. ausstrahlen, übertragen* | Mon émission préférée est diffusée tous les dimanches. | = émettre qc |
| **la télécommande** | *Fernbedienung* | Tu me passes la télécommande, s'il te plait ? | |
| **zapper** [intr.] | *hin und her schalten, zappen* | Ça m'énerve que mon père zappe tout le temps. | |
| **les informations** [f/pl] | *Nachrichten* | En général, les informations du soir commencent à 20 heures. | = le bulletin d'information, le journal télévisé (JT), les infos [f/pl] [fam.] |
| **la météo** | *Wetterbericht* | Elle regarde la météo tous les soirs pour savoir quels vêtements mettre le lendemain. | = le bulletin météorologique |
| **le présentateur, la présentatrice** | *Nachrichtensprecher*in* | Le présentateur donne les informations. | = l'animateur [m], l'animatrice [f] |
| **l'animateur** [m], **l'animatrice** [f] | *Moderator*in, Leiter*in* | Un animateur doit divertir les gens. | = le présentateur, la présentatrice |

| mot français | dt. Bedeutung | phrase française | syn./ant. |
|---|---|---|---|
| **animer qc** | *etw. moderieren, leiten* | Il anime son émission de façon très humoristique. | = présenter qc |
| **le jeu télévisé** | *Quizsendung* | « Qui veut gagner des millions ? » est un jeu télévisé. | |
| **la série (télévisée)** | *Fernsehserie* | Je regarde cette série quotidienne depuis cinq ans. | = le feuilleton |
| **le débat télévisé** | *Talkshow, Fernsehdebatte* | Le débat télévisé sur le problème du racisme m'a beaucoup choqué. | = l'entretien [m] télévisé, le talk-show |
| **la télé(-)réalité** | *Reality-TV* | Certaines émissions de télé-réalité font participer d'anciennes stars. | |
| **le télé-crochet** | *Castingshow* | Mon frère adore les télé-crochets. | |
| **l'heure** [f] **de diffusion** | *Sendezeit* | Tu connais déjà l'heure de diffusion des nouveaux épisodes de notre série préférée ? | |
| **l'audimat** [m] | *Einschaltquote* | L'audimat de cette émission a battu tous les records. | = le taux d'écoute |

## 3 *L'équipement technique et son utilisation* – Technische Ausstattung und ihre Benutzung

| mot français | dt. Bedeutung | phrase française | syn./ant. |
|---|---|---|---|
| **l'ordinateur** [m] **portable** | *Laptop* | Les ordinateurs portables sont pratiques. | = le portable |
| **la tablette** | *Touchscreen-Tablet-Computer* | J'adore ces nouvelles tablettes ! | |
| **le clavier** | *Tastatur* | Les claviers en France et en Allemagne ne sont pas les mêmes. | |

| mot français | dt. Bedeutung | phrase française | syn./ant. |
|---|---|---|---|
| **la touche** | *Taste* | Ma tablette tactile n'a pas de touches. | |
| **taper** | *tippen* | Tu as vu la vitesse à laquelle le prof d'informatique tape ? | |
| **la souris** | *Maus* | J'ai une souris en forme de voiture. | |
| **faire défiler (vers le haut/ vers le bas)** | *nach oben/unten scrollen* | À l'aide de la souris, tu peux faire défiler vers le haut et vers le bas. | |
| **la webcam** | *Webcam* | Les grands-parents se sont acheté une webcam pour passer des appels vidéo avec leurs petits-enfants. | |
| **le lecteur (CD-ROM/DVD/ blu-ray)** | *(CD-ROM-/ DVD-/Blu-ray-) Laufwerk* | Mon ordinateur a un lecteur CD-ROM, DVD et blu-ray. | |
| **la clé USB** | *USB-Stick* | Notre professeur de français amène toujours sa clé USB en classe. | |
| **le disque dur (externe)** | *(externe) Festplatte* | Mon frère s'est acheté un disque dur externe pour sauvegarder ses photos. | |
| **le vidéoprojecteur** | *Beamer* | Il y a des vidéoprojecteurs dans chaque salle de classe. | |
| **l'imprimante [f] (laser/ à jet d'encre)** | *(Laser-/Tintenstrahl-) Drucker* | Son imprimante est en panne depuis un mois. | |
| **la cartouche** | *Tintenpatrone, Toner* | Oh non, il faut encore changer la cartouche de l'imprimante ! | |
| **imprimer qc** | *etw. (aus)drucken* | Le professeur a imprimé à la maison les feuilles pour les élèves. | |

| mot français | dt. Bedeutung | phrase française | syn./ant. |
|---|---|---|---|
| **scanner qc** | *etw. einscannen* | Ma mère scanne beaucoup de documents. | |
| **le matériel** | *Hardware* | Il est possible d'améliorer les performances de son ordinateur avec du nouveau matériel. | ≠ le logiciel |
| **le logiciel** | *Software, Programm* | Les logiciels les plus chers ne sont pas toujours les meilleurs. | ≠ le matériel |
| **programmer qc** | *etw. programmieren* | En cours d'informatique, les élèves apprennent à programmer des logiciels. | |
| **le fichier** | *Datei* | N'oublie pas de sauvegarder tes fichiers ! | |
| **les données** [f/pl] | *Daten* | Une fois par an, elle registre ses données personnelles sur un disque dur externe. | |
| **enregistrer qc** | *etw. speichern* | Il vaut mieux enregistrer des fichiers de travail trop souvent que jamais. | = sauvegarder qc<br>≠ effacer qc |
| **la mémoire** | *Speicher* | La mémoire de mon disque dur est pleine. | |
| **sauvegarder qc** | *etw. sichern, speichern* | Il ne sauvegarde jamais ses données personnelles. Moi, à sa place, j'aurais peur de les perdre. | = enregistrer qc<br>≠ effacer qc |
| **brancher qc** | *etw. anschließen, anstecken* | L'ordinateur n'est pas branché. | ≠ débrancher qc |
| **(re)charger qc** | *etw. (wieder) (auf)laden* | N'oublie pas de recharger ton portable avant de quitter la maison ! | |
| **mettre qc en marche** | *etw. in Gang/ Betrieb setzen* | Je n'arrive pas à mettre mon ordinateur en marche. | = démarrer qc<br>≠ arrêter qc |

| mot français | dt. Bedeutung | phrase française | syn./ant. |
|---|---|---|---|
| **planter** [fam.] | *abstürzen* | Il faut que je fasse réparer mon ordinateur, il plante sans arrêt. | |
| **transmettre qc** | *etw. übermitteln, übertragen* | Merci. Votre demande a été transmise avec succès. | ≠ recevoir qc |
| **coder qc** | *etw. verschlüsseln, chiffrieren* | Les informations sur ce site sont codées. | = chiffrer qc<br>≠ déchiffrer qc |
| **traiter qc** | *etw. bearbeiten, verarbeiten* | Notre devoir d'informatique, c'est de traiter ce texte et de l'imprimer. | |
| **le traitement de texte** | *Textverarbeitung* | Mon logiciel de traitement de texte me rend fou parfois. | |
| **effacer qc** | *etw. löschen* | Zut ! J'ai effacé mon e-mail avant de l'envoyer ! | = annuler qc, supprimer qc<br>≠ enregistrer qc, sauvegarder qc |
| **vider qc** | *etw. leeren* | Je vide la corbeille de mon ordinateur une fois par semaine. | ≠ remplir qc |
| **sélectionner qc** | *etw. auswählen, markieren* | Sélectionne la phrase à l'aide du curseur. | |
| **insérer qc** | *etw. einfügen, einschieben* | Quand on a sélectionné et copié une phrase, on peut l'insérer ailleurs. | = coller qc, mettre qc |
| **faire un « copier-coller »** | *etw. kopieren und einfügen* | Faire un « copier-coller » veut dire copier une information et l'insérer ailleurs. | |
| **mettre qc à jour** | *etw. aktualisieren* | Les journaux mettent à jour leur page web plusieurs fois par heure. | = actualiser qc |

## 4 *Internet et la numérisation* – Internet und Digitalisierung

| mot français | dt. Bedeutung | phrase française | syn./ant. |
|---|---|---|---|
| **la numérisation** | *Digitalisierung* | La numérisation des archives permet de revoir des émission des années 60 sur Internet. | |
| **numérique** | *digital, Digital-* | Je ne fais plus développer mes photos, je n'ai plus que des photos numériques. | |
| **le net** | *Internet* | Grâce au net, on peut trouver des amis. | = Internet [m], la Toile, le web |
| **le web** | *Internet* | On peut accéder au web à l'aide d'un smartphone. | = Internet [m], la Toile, le net |
| **le serveur** | *Server* | Le serveur du collège est désactivé aujourd'hui à cause de travaux. | |
| **le wi-fi/wifi** | *drahtloser Internetzugang, WLAN* | Le wifi à l'hôtel était en panne, alors je n'ai pas écrit à ma copine. | = le réseau sans fil |
| **l'internaute** [m/f] | *Internetnutzer*in* | Ma grand-mère est une internaute passionnée. | |
| **l'utilisateur** [m], **l'utilisatrice** [f] | *Benutzer*in, Anwender*in* | Le nombre d'utilisateurs des réseaux sociaux augmente tous les jours. | |
| **se connecter (à qc)** | *sich (mit etw.) verbinden, sich (bei etw.) einloggen* | Je n'arrive pas à me connecter à Internet aujourd'hui. | ≠ se déconnecter (de qc) |
| **le mot de passe** | *Passwort* | Tu as changé ton mot de passe ces derniers temps? | |

| mot français | dt. Bedeutung | phrase française | syn./ant. |
|---|---|---|---|
| **être connecté, e** | *verbunden sein, eingeloggt sein* | Je ne sais pas comment tu fais pour être connecté à Internet toute la journée. | = être en ligne<br>≠ être hors ligne, être déconnecté, e |
| **se déconnecter (de qc)** | *sich (von etw.) abmelden, sich (aus etw.) ausloggen* | Avant d'aller au lit, je me déconnecte toujours d'Instagram. | ≠ se connecter (sur qc) |
| **en ligne** | *online, Online-* | Certains jeunes sont en ligne toute la journée. | = connecté, e<br>≠ hors ligne, déconnecté, e |
| **hors ligne** | *offline* | Pendant la nuit, je suis hors ligne. | = déconnec-té, e<br>≠ en ligne, connecté, e |
| **avoir accès à qc** | *zu etw. Zugang haben, bekom-men* | Tu as accès à Internet chez ta grand-mère? | = accéder à qc |
| **surfer** [intr.] | *surfen* | Mon père surfe tous les soirs. | = naviguer (sur Internet) |
| **naviguer (sur Internet)** | *(im Internet) surfen* | Mon frère n'aime pas navi-guer sur Internet parce qu'il trouve que c'est une perte de temps. | = surfer (sur Internet) [intr.] |
| **le navigateur (web)** | *(Web-)Browser* | Un navigateur est un logi-ciel à l'aide duquel on peut surfer sur Internet. | |
| **la page (web)** | *Website, Webseite* | Mon frère a créé sa propre page web. | = le site (web) |
| **la page d'accueil** | *Homepage* | Vous trouverez l'adresse et le numéro de téléphone sur la page d'accueil. | |
| **le moteur de recherche** | *Suchmaschine* | Le moteur de recherche le plus connu est Google. | |

| mot français | dt. Bedeutung | phrase française | syn./ant. |
|---|---|---|---|
| **le lien** | *Link* | Tu connais ce nouveau restaurant ? Sinon, je t'envoie le lien. | |
| **le courrier électronique** | *E-Mail* | Il faut que je vérifie mon courrier électronique. | = l'e-mail [m], le courriel |
| **la messagerie électronique** | *E-Mail-Postfach, elektronische Post* | Grâce à la messagerie électronique, on peut envoyer et recevoir des e-mails. | = la boite aux lettres électronique |
| **l'adresse** [f] **mail** | *E-Mail-Adresse* | Mon frère a trois adresses mail. | = l'adresse [f] mél |
| **l'arobase** [m] | *@-Zeichen, At-Zeichen* | Si tu oublies de taper l'arobase, l'e-mail n'arrivera pas. | |
| **expédier qc** | *etw. verschicken, versenden* | Leur service client m'a expédié un nouvel écran. | = envoyer qc<br>≠ recevoir qc |
| **la pièce jointe** | *Anhang* | Je t'envoie une photo de ma famille en pièce jointe. | |
| **le pourriel** [fam.] | *Spam(mail)* | Tous les jours, je reçois au moins 10 pourriels. Ça m'énerve ! | = le spam, le courriel indésiderable |
| **la vidéoconférence** | *Videokonferenz* | Le logiciel Zoom permet de faire des vidéoconférences. | = la visioconférence |
| **le réseau social** | *soziales Netzwerk* | Les jeunes utilisent beaucoup les réseaux sociaux. | |
| **le livre électronique** | *E-Book* | Elle préfère les livres électroniques aux livres classiques. | |
| **la liseuse** | *E-Book-Reader* | Il existe de nombreuses liseuses sur le marché. | |
| **le jeu vidéo** | *Videospiel* | Pour mon anniversaire, mes parents m'ont offert un nouveau jeu vidéo. | |
| **le compte** | *Account* | Mon frère va ouvrir un compte Instagram. | |

| mot français | dt. Bedeutung | phrase française | syn./ant. |
|---|---|---|---|
| **le salon de conversation** | *Chatroom* | Elle a quitté le salon de conversation parce que les sujets n'étaient pas intéressants. | = le salon virtuel, le salon de discussion |
| **le forum (de discussion)** | *(Diskussions-) Forum* | Quand on a un problème, on peut trouver des solutions sur un forum. | |
| **la plateforme de partage** | *Plattform zum Informationsaustausch* | Grâce à la plateforme de partage « YouTube », j'ai appris à jouer de la guitare. | |
| **le post** | *Post, Beitrag* | Tu as lu son dernier post sur Facebook ? | |
| **poster qc** | *etw. posten, ins Netz stellen* | Depuis qu'elle s'engage dans la politique, elle poste ses idées en ligne une fois par semaine. | |
| **bloguer** [intr./fam.] | *bloggen* | On peut bloguer pour raconter ses voyages et donner des conseils. | |
| **le blog** | *Blog* | Elle actualise son blog tous les soirs. | = le weblog |
| **le vlog** | *VLog, Video-Blog* | Dans un vlog, les gens expliquent par exemple aux autres ce qu'ils savent bien faire. | |
| **le cyberharcèlement** | *Cybermobbing* | Le cyberharcèlement pose énormément de problèmes dans certaines classes. | |
| **accro à qc** [fam.] | *süchtig nach etw.* | Elle est accro à TikTok. | = dépendant, e de qc |
| **cyber-dépendant, e** | *internetabhängig, internetsüchtig* | Être en ligne souvent, c'est pratique, mais il ne faut pas devenir cyber-dépendant. | = accro à Internet [fam.] |

| mot français | dt. Bedeutung | phrase française | syn./ant. |
|---|---|---|---|
| **quotidien, ne** | *täglich* | L'utilisation quotidienne d'un réseau social peut rendre les jeunes cyber-dépendants. | |
| **télécharger qc** | *etw. herunter-laden, hochladen* | Il est moins cher de télécharger de la musique que d'acheter des CD. | |
| **être en cours** | *im Gange sein, laufen* | Le téléchargement de l'album est en cours. | |
| **le nuage informatique** | *Cloud* | On peut sauvegarder ses données dans le nuage informatique. | = le cloud |
| **collecter des données** | *Daten sammeln* | Plusieurs entreprises ont collecté des données pour les revendre illégalement. | |
| **protéger ses données** | *seine Daten schützen* | Il est important de protéger ses données. | |
| **la protection des données** | *Datenschutz* | La protection des données devrait concerner tous les internautes. | |
| **le virus (informatique)** | *(Computer-)Virus* | À cause d'un virus, j'ai perdu toutes mes données. | |
| **le programme antivirus** | *Anti-Viren-Programm* | Je te conseille d'installer un programme antivirus. | = l'antivirus [m] |
| **la barrière de sécurité** | *Firewall* | Il est dangereux de désactiver la barrière de sécurité de son ordinateur. | = le coupe-feu, le pare-feu, le firewall |
| **l'enfant [m/f] du numérique [m]** | *„Digital Native"* | Les enfants du numérique ne connaissent pas le monde sans Internet. | |
| **l'informatique [f]** | *Informatik* | Mon copain voudrait travailler dans l'informatique plus tard. | |

| mot français | dt. Bedeutung | phrase française | syn./ant. |
|---|---|---|---|
| **l'informaticien** [m], **l'informaticienne** [f] | *Informatiker*in* | Souvent, les informaticiens passent toute la journée devant l'écran. | |
| **le, la pirate (informatique)** | *Hacker*in, Raubkopierer*in* | Un pirate informatique essaie de s'introduire dans le système informatique de l'entreprise. | = le hacker, la hacheuse |
| **le hameçonnage** | *Phishing* | Tu peux éviter le hameçonnage en ne tapant plus tes données personnelles sur Internet. | = le phishing |
| **la bulle d'information** | *Filterblase, Informationsblase* | À cause de la bulle d'information, on ne voit que des informations sélectionnées. | = la bulle de filtres |
| **modifier qc** | *etw. (ver)ändern* | Il faut que je modifie les paramètres de confidentialité de mon compte Instagram. | = changer qc |
| **la prise de conscience** | *Bewusstwerden* | Il faut créer une prise de conscience chez les jeunes sur les dangers des réseaux sociaux. | |
| **avoir conscience que + *ind.*** | *sich (dessen) bewusst sein, dass* | Souvent, les jeunes n'ont pas conscience qu'Internet peut être dangereux. | |
| **l'automatisation**[f] | *Automatisierung* | L'automatisation menace certains types de profession. | |
| **l'intelligence** [f] **artificielle (IA)** | *künstliche Intelligenz (KI)* | L'intelligence artificielle va avoir un impact sur beaucoup de métiers. | |
| **le robot** | *Roboter* | La production automobile est principalement assurée par des robots. | |

| mot français | dt. Bedeutung | phrase française | syn./ant. |
|---|---|---|---|
| **la conduite autonome** | *autonomes Fahren* | La conduite autonome permet au conducteur de se concentrer sur une autre chose que la circulation. | |
| **la voiture autonome** | *selbstfahrendes Auto* | Une voiture autonome peut circuler sans l'intervention d'un conducteur. | |
| **le métro automatique** | *fahrerlose U-Bahn* | La ligne 14 du métro de Paris était la première ligne du métro automatique. | |

# *Les loisirs et les vacances* – Hobbys und Ferien

## 1 *Les loisirs* – Hobbys

| mot français | dt. Bedeutung | phrase française | syn./ant. |
|---|---|---|---|
| **le temps libre** | *Freizeit* | Dans mon temps libre, je fais du jogging. | = les loisirs [m/pl] |
| **l'activité** [f] | *Hobby, Beschäftigung* | Son activité préférée, c'est le tennis. | = les loisirs [m/pl] |
| **le passe-temps** | *Zeitvertreib* | Le passe-temps préféré de ma sœur, c'est le shopping. | |
| **se détendre** | *sich entspannen* | Je me détends en écoutant de la musique. | = se délasser, se relaxer, se reposer |
| **le divertissement** | *Vergnügen, Unterhaltung* | Un divertissement permet aux gens de s'amuser dans leur temps libre. | = la distraction ≠ l'ennui [m] |
| **divertir qn** | *jdn. unterhalten* | La lecture divertit la plupart des gens. | = amuser qn, distraire qn ≠ ennuyer qn |
| **se divertir** | *sich vergnügen, sich unterhalten* | Les enfants adorent se divertir dans des parcs d'attraction. | = s'amuser, se distraire ≠ s'ennuyer |
| **se distraire** | *sich ablenken, sich amüsieren* | Après cette mauvaise nouvelle, j'ai envie de me distraire un peu. | = s'amuser, se divertir ≠ s'ennuyer |
| **s'éclater** [fam.] | *sich amüsieren, sich austoben* | Le film était génial. Qu'est-ce que je me suis éclaté ! | = s'amuser, se divertir, se distraire ≠ s'ennuyer |
| **s'enthousiasmer pour qc** | *sich für etw. begeistern* | Ma sœur s'enthousiasme depuis toujours pour les chevaux. | = s'intéresser beaucoup à qc |

| mot français | dt. Bedeutung | phrase française | syn./ant. |
|---|---|---|---|
| **l'enthousiasme [m]** | *Begeisterung* | Je ne comprends pas l'enthousiasme pour ce film. | ≠ l'indifférence [f] |
| **enthousiasmé par qc** | *(von jdm./etw.) begeistert* | Même mon père, qui n'aime pas la lecture, est enthousiasmé par ce roman. | |
| **s'ennuyer** | *sich langweilen* | Je m'ennuie pendant les cours de danse. | ≠ s'amuser, se distraire, se divertir |
| **passer son temps à faire qc** | *mit etw. seine Zeit verbringen* | Mon père passe son temps à regarder la télé. | |
| **perdre son temps à faire qc** | *(seine) Zeit mit etw. vergeuden/verlieren* | Souvent, je perds mon temps à faire des recherches sur Internet. | = perdre du temps à faire qc |
| **jouir de qc** | *etw. genießen, auskosten* | Jouissons de la vie autant que possible. | = profiter de qc |
| **se réjouir (de qc)** | *sich (über/auf etw.) freuen* | Mes parents se réjouissent de ma bonne note en maths. | = être content, e (de qc) |
| **favori, te** | *bevorzugt, Lieblings-* | Quel est ton acteur favori ? | = préféré, e |
| **l'ambiance** [f] | *Stimmung, Atmosphäre* | L'ambiance pendant le concert était extraordinaire. | |
| **la boite (de nuit)** [fam.] | *Disko(thek)* | On sort en boite ce soir ou on va au cinéma ? | = la discothèque |
| **le parc de loisirs** | *Freizeitpark* | Disneyland est le parc de loisirs le plus connu en France. | = le parc d'attraction |
| **pratiquer un sport** | *Sport treiben* | Tout le monde devrait pratiquer un sport pour rester en forme. | |
| **être en forme** | *fit sein, in Form sein* | Elle est très en forme depuis qu'elle court trois fois par semaine. | ≠ être malade |

| mot français | dt. Bedeutung | phrase française | syn./ant. |
|---|---|---|---|
| **faire de [+ sport]** | *spielen [Sportart]* | Moi, j'aime faire du volley, mais mon frère préfère faire de la natation. | = jouer à qc |
| **jouer à [+ sport]** | *spielen [Sportart]* | De plus en plus de jeunes jouent au handball. | = faire de qc |
| **la compétition** | *Wettkampf, Wettbewerb* | Il y a toujours de la rivalité dans la compétition. | |
| **faire de l'athlétisme** [m] | *Leichtathletik machen* | Elle fait de l'athlétisme depuis l'âge de 10 ans. | |
| **faire de l'escalade** [f] | *klettern* | Promets-moi de ne pas faire de l'escalade seul. | |
| **faire de la voile** | *segeln* | Pour faire de la voile, il faut qu'il fasse du vent. | |
| **faire de la planche à voile** | *windsurfen* | L'Atlantique est l'endroit parfait pour faire de la planche à voile. | |
| **faire du ski (alpin/ de fond)** | *Ski fahren (alpin Ski fahren/ Ski langlaufen)* | Pendant les vacances d'hiver, mes parents font du ski alpin et du ski de fond en Suisse. | |
| **faire de l'équitation** [f] | *reiten* | Ma sœur fait de l'équitation. | = faire du cheval |
| **faire une randonnée** | *eine Wanderung machen* | Ils ont fait une randonnée dans les Alpes. | |
| **se balader** [fam.] | *spazieren gehen* | Mes grands-parents se baladent tous les dimanches au bord de la mer. | = se promener, faire une promenade |
| **en plein air** | *im Freien, draußen* | Le ski est un sport qui se pratique en plein air. | = au grand air, à l'extérieur ≠ à l'intérieur |
| **jardiner** [intr.] | *gärtnern* | Jardiner est une activité relaxante. | |
| **bricoler (qc)** | *heimwerken, (etw.) basteln* | Mon mari passe tout son temps à bricoler à la cave. | |

| mot français | dt. Bedeutung | phrase française | syn./ant. |
|---|---|---|---|
| **le bricolage** | *Heimwerken, Basteln* | Mon père est nul en bricolage. | |
| **faire les magasins [m/pl]** | *einkaufen gehen, shoppen* | Je n'aime pas trop faire les magasins. | = faire du shopping [m] |

## 2 *Les vacances* – Ferien

| mot français | dt. Bedeutung | phrase française | syn./ant. |
|---|---|---|---|
| **le tourisme (de masse)** | *(Massen-) Tourismus* | Grâce au tourisme, beaucoup de personnes ont du travail. | |
| **le vacancier, la vacancière** | *Urlauber*in* | Dès que les vacances scolaires commencent, les premiers vacanciers envahissent les plages. | |
| **le voyageur, la voyageuse** | *Reisende*r* | C'est un voyageur passionné : il fait au moins quatre voyages par an. | |
| **être stressé, e** | *gestresst sein, im Stress sein* | Les personnes qui travaillent beaucoup sont souvent stressées. | ≠ être détendu, e, être relaxé, e, être relax [fam.], être zen [fam.] |
| **recommander qc à qn** | *jdm. etw. empfehlen* | Tu peux me recommander un hôtel pas trop cher à Paris ? | |
| **avoir les moyens [m/pl] de faire qc** | *sich leisten können, etw. zu tun* | Cette année, mes parents n'ont pas les moyens de partir en vacances. | |
| **l'agence [f] de voyage(s) [m]** | *Reisebüro* | Je préfère faire la réservation du vol à l'agence de voyages parce que je me méfie d'Internet. | |

| mot français | dt. Bedeutung | phrase française | syn./ant. |
|---|---|---|---|
| **le tour-opérateur** | *Reiseveranstalter, Anbieter* | Un tour-opérateur organise des séjours touristiques. | |
| **la carte d'identité** | *Personalausweis* | N'oublie pas ta carte d'identité quand tu quittes le pays. | |
| **le passeport** | *Reisepass* | J'ai besoin d'un passeport pour ce voyage, la carte d'identité ne suffit pas. | |
| **valable** | *gültig* | Ma carte d'identité n'est plus valable. | ≠ périmé, e |
| **la réservation** | *Reservierung, Buchung* | Il n'a pas trouvé de chambre d'hôtel sans réservation. | ≠ l'annulation [f] |
| **confirmer qc** | *etw. bestätigen* | J'ai fait la réservation il y a cinq jours. Vous pouvez me la confirmer, s'il vous plait ? | |
| **annuler qc** | *etw. stornieren, rückgängig machen* | À cause de la mort de ma grand-mère, on a dû annuler la réservation. | ≠ réserver qc |
| **faire sa valise** | *seinen Koffer packen* | Tu as déjà fait ta valise ? On part demain matin ! | ≠ défaire sa valise |
| **séjourner** [intr.] | *sich aufhalten* | Où est-ce que vous allez séjourner pendant les vacances ? | = habiter, loger |
| **la colonie (de vacances)** | *[Ferienlager für Kinder]* | La colonie de vacances est un séjour organisé pour les enfants. | = la colo [fam.] |
| **la curiosité** | *Sehenswürdigkeit* | Tout le monde sait que la tour Eiffel est la plus grande curiosité à Paris. | = le site (touristique) |
| **le site (touristique)** | *Sehenswürdigkeit* | La tour Eiffel est un des sites touristiques les plus visités du monde. | = la curiosité |

| mot français | dt. Bedeutung | phrase française | syn./ant. |
|---|---|---|---|
| **le visiteur, la visiteuse** | *Besucher*in* | Cette année, on a compté plus de huit millions de visiteurs au Louvre. | |
| **la visite guidée** | *Führung* | La plupart des musées proposent des visites guidées aux touristes. | |
| **flâner** [intr.] | *schlendern, bummeln* | Je trouve très romantique de flâner au bord de la Seine dans la nuit. | ≠ se dépêcher, se presser |
| **au bord de la mer** | *am Meer* | Ils ont loué une jolie maison au bord de la mer. | ≠ en montagne |
| **la station balnéaire** | *Badeort* | Cannes est une station balnéaire très connue. | |
| **en montagne** | *in den Bergen* | Ma copine préfère les vacances en montagne alors que je préfère partir à la mer. | ≠ au bord de la mer |
| **la station de ski** | *Skiort* | Chamonix est une station de ski très connue. | |
| **le gite (rural)** | *Ferienwohnung (auf dem Land)* | Un gite rural coute souvent moins cher qu'un hôtel. | |
| **la chambre d'hôte** | *Fremdenzimmer* | En été, la plupart des chambres d'hôte sont occupées. | |

# *La culture* – Kultur

## 1 *La littérature* – Literatur

| mot français | dt. Bedeutung | phrase française | syn./ant. |
|---|---|---|---|
| **la littérature** | *Literatur* | Depuis que je suis petit, je m'intéresse à la littérature. | |
| **littéraire** | *literarisch* | Il va passer le bac littéraire. | |
| **la lecture** | *Lesen, Lektüre* | La lecture est très importante pour apprendre une langue étrangère. | |
| **contemporain, e** | *zeitgenössisch* | Elle préfère la littérature contemporaine aux grands classiques. | ≠ ancien, ne |
| **bouquiner** [intr./fam.] | *lesen, schmökern* | Ma sœur adore bouquiner. | = lire qc |
| **rédiger qc** | *etw. verfassen* | Il a rédigé son roman en deux mois. | = écrire qc |
| **l'ouvrage** [m] | *Werk, Band, Buch* | Cet ouvrage comporte 250 pages. | |
| **l'œuvre** [f] **(d'art)** | *(Kunst-)Werk, Gesamtwerk* | Les œuvres d'art de Picasso sont fantastiques. | |
| **le chef-d'œuvre** | *Meisterwerk, Meisterstück* | Son premier roman est devenu un vrai chef-d'œuvre. | |
| **le livre de poche** | *Taschenbuch* | Les livres de poche sont pratiques parce qu'ils ne sont pas lourds. | |
| **le manuel (scolaire)** | *Schulbuch* | Un nouveau manuel scolaire de français sort cette année. | |
| **le dictionnaire** | *Wörterbuch, Lexikon* | Je vais vérifier ce mot dans le dictionnaire. | = le lexique |

| mot français | dt. Bedeutung | phrase française | syn./ant. |
|---|---|---|---|
| l'encyclopédie [f] | *Enzyklopädie* | Ma mère se sert souvent des encyclopédies. | |
| le tome | *Band* | *Le Seigneur des anneaux* est un roman en trois tomes. | = le volume |
| la prose | *Prosa* | Les romans sont écrits en prose. | ≠ les vers |
| le genre (littéraire) | *(literarische) Gattung* | Mon genre littéraire préféré, c'est le roman. | |
| le récit | *Erzählung, Bericht* | Dans ce récit, il parle de la vie amoureuse d'une jeune femme belge. | = l'histoire [f], la narration |
| la narration | *Erzählung, Bericht* | La narration est une sorte de récit. | = l'histoire [f], le récit |
| l'essai [m] | *Essay* | L'essai est un ouvrage littéraire en prose. | |
| le roman (d'aventures) | *(Abenteuer-) Roman* | Une chasse au trésor est un sujet classique du roman d'aventures. | |
| le roman policier | *Krimi(nalroman)* | Quand je commence un roman policier, je ne peux plus m'arrêter. | = le polar [fam.] |
| le romancier, la romancière | *Romanautor*in* | La profession d'Anna Gavalda est romancière. | |
| connu, e | *bekannt* | Fred Vargas est une écrivaine connue en France. | = célèbre, renommé, e |
| renommé, e | *namhaft, berühmt, renommiert* | Marcel Pagnol est un écrivain renommé du XXe siècle. | = célèbre, connu, e |
| le conte (de fées) | *Märchen* | Mes enfants adorent les contes de fées. | |
| la fable | *Fabel* | Tu connais la fable du corbeau et du renard ? | |
| la nouvelle | *Novelle* | Guy de Maupassant était un auteur de nouvelles. | |

| mot français | dt. Bedeutung | phrase française | syn./ant. |
|---|---|---|---|
| **la science-fiction** | *Science-Fiction* | Les romans de science-fiction parlent souvent de l'avenir de l'homme. | |
| **la BD** | *Comic* | Ma correspondante adore les BD. | = la **b**ande **d**essinée |
| **l'album [m] de BD** | *Comicband* | Il existe plus de 35 albums de BD d'*Astérix et Obélix*. | |
| **la planche** | *Seite einer BD* | Dans une bande dessinée, une planche est synonyme d'une page. | |
| **la bande** | *Bildreihe* | La planche de BD est composée de plusieurs bandes. | |
| **la vignette** | *Einzelbild* | La vignette est une image de la BD. | = la case |
| **la bulle** | *Sprechblase, Denkblase* | Si on ne lit pas les bulles, c'est difficile de comprendre l'action de la BD. | |
| **le lyrisme** | *Lyrik* | Mon mari s'intéresse au lyrisme. | |
| **poétique** | *poetisch* | Mon copain m'écrit des lettres très poétiques. | |
| **la strophe** | *(Gedicht-) Strophe* | Ce poème a quatre strophes. | = le couplet |
| **le vers** | *Vers* | Dans chaque strophe de ce poème, il y a quatre vers. | |
| **la rime** | *Reim* | Je préfère les poèmes sans rimes. | |
| **la figure de style** | *Stilfigur* | Une métaphore est une figure de style. | = le moyen stylistique |
| **le jeu de mots** | *Wortspiel* | Cet auteur emploie beaucoup de jeux de mots. | |
| **la maison d'édition** | *Verlag(shaus)* | « Hachette Livre » est une grande maison d'édition française. | |

| mot français | dt. Bedeutung | phrase française | syn./ant. |
|---|---|---|---|
| **la couverture** | *Umschlag* | J'achète un livre si la couverture me plait. | |
| **la préface** | *Vorwort* | Je ne lis jamais les préfaces. | = le prologue<br>≠ la postface, l'épilogue [m] |
| **la postface** | *Nachwort* | Dans la postface, l'auteur fait le bilan de son livre. | = l'épilogue [m]<br>≠ la préface, le prologue |
| **le titre** | *Titel, Überschrift* | Le titre de ce livre est intéressant. | |
| **la table des matières** | *Inhaltsverzeichnis* | La table des matières se trouve au début ou à la fin d'un livre. | |
| **le contenu** | *Inhalt* | Le contenu de ce livre ne m'intéresse pas. | |
| **le résumé** | *Inhaltsangabe, Zusammenfassung* | Je lis toujours le résumé d'un livre avant de l'acheter. | |
| **le sujet** | *Thema* | Le sujet de ce roman m'intéresse beaucoup. | = le thème |
| **l'action [f]** | *Handlung* | L'action de ce livre est tellement intéressante que je ne peux pas m'arrêter de lire. | |
| **se dérouler** | *verlaufen, sich abspielen* | L'histoire de ce roman se déroule au XIX$^{e}$ siècle. | = se passer |
| **le personnage principal** | *Hauptperson, Hauptfigur* | Un des deux personnages principaux dans *Monsieur Ibrahim et les fleurs du Coran* s'appelle Momo. | = le protagoniste<br>≠ le personnage secondaire |

| mot français | dt. Bedeutung | phrase française | syn./ant. |
|---|---|---|---|
| **le, la protagoniste** | *zentrale Gestalt, Protagonist*in* | Le protagoniste est sympathique. | = le personnage principal ≠ le personnage secondaire |
| **le héros, l'héroïne** [f] | *Held*in* | Astérix et Obélix sont des héros gaulois. | ≠ l'antihéros [m], l'antihéroïne [f] |
| **le passage** | *Stelle, Auszug* | Mon passage préféré, c'est quand il lui déclare son amour devant la tour Eiffel. | = l'extrait [m] |
| **l'extrait** [m] | *Auszug* | Hier, on a lu en cours un extrait des *Misérables*. | = le passage |
| **le paragraphe** | *Absatz* | Dans le premier paragraphe du texte, l'auteur présente les protagonistes. | |
| **le narrateur, la narratrice** | *Erzähler*in* | Il y a trois types de narrateurs : le narrateur omniscient, le narrateur personnage et le narrateur effacé. | |
| **l'intention** [f] | *Absicht, Intention* | L'intention de l'auteur est de lutter contre la discrimination envers les femmes. | |
| **le dialogue** | *Dialog* | Dans ce roman, il n'y a pratiquement que des dialogues. | ≠ le monologue |
| **le monologue (intérieur)** | *(innerer) Monolog* | Le monologue intérieur est le discours d'une personne seule qui pense tout haut. | ≠ le dialogue |
| **lire à haute voix** | *laut lesen* | À l'école, il faut souvent lire à haute voix. | ≠ lire silencieusement |

| mot français | dt. Bedeutung | phrase française | syn./ant. |
|---|---|---|---|
| **lire silencieusement** | *leise lesen* | Lire silencieusement est plus rapide que de lire à voix haute. | ≠ lire à haute voix |
| **le suspense** | *Spannung* | Il y a beaucoup de suspense dans les romans de Guillaume Musso. | = la tension |
| **passionnant, e** | *spannend, packend* | Ce livre est passionnant du début jusqu'à la fin. | = captivant, e<br>≠ ennuyeux, -se |
| **captivant, e** | *fesselnd, spannend* | Qu'est-ce qu'il est captivant, ce nouveau roman policier ! | = passionnant, e<br>≠ ennuyeux, -se |
| **le (grand) public** | *(breites) Publikum* | Le grand public préfère plutôt la littérature divertissante. | |
| **critiquer qn/qc** | *jdn./etw. kritisieren, Kritik üben an jdm./etw.* | Je n'aime pas la façon dont le magazine a critiqué mon roman préféré. | ≠ louer qn/qc, approuver qn/qc, apprécier qn/qc |
| **la critique** | *Kritik* | Je ne suis pas d'accord avec cette critique. | |
| **le, la critique** | *Kritiker*in* | Les auteurs craignent tous ce critique parce qu'il a beaucoup d'influence. | |
| **décerner un prix (littéraire)** | *einen (Literatur-) Preis verleihen* | Depuis sa création en 1902, le prix Goncourt a été décerné chaque année. | |
| **le jury** | *Jury* | Un jury décerne le prix Goncourt chaque année. | |

## 2 *L'art* – Kunst

| mot français | dt. Bedeutung | phrase française | syn./ant. |
|---|---|---|---|
| **le dessinateur, la dessinatrice** | *Zeichner*in* | Albert Uderzo est le dessinateur d'*Astérix*. | = l'illustrateur [m], l'illustratrice [f] |
| **la peinture (à l'huile)** | *(Öl-)Malerei* | J'aime beaucoup la peinture hollandaise. | |
| **la toile** | *Bild, Leinwand* | « Le Moulin de la Galette » est une toile d'Auguste Renoir. | = le tableau |
| **le tableau** | *Bild, Gemälde* | Nous avons vu beaucoup de tableaux au Louvre. | = la toile |
| **la nature morte** | *Stillleben* | Une nature morte montre souvent des fleurs ou des fruits. | |
| **encadrer qc** | *etw. (ein)rahmen* | J'adore cette photo, je vais l'encadrer. | |
| **le cadre** | *Rahmen* | Ma mère a choisi un cadre en bois pour le portrait de mon grand-père. | |
| **la caricature** | *Karikatur* | Cette caricature se moque des hommes politiques. | |
| **le tag** | *Graffiti* | Il est interdit de faire des tags sur des murs publics. | = le graffiti |
| **la sculpture** | *Bildhauerkunst, Skulptur* | Ma sculpture préférée est « Le Penseur » de Rodin. | |
| **la statue** | *Statue, Skulptur* | Il y a beaucoup de statues de Louis XIV en France. | |
| **l'éducation [f] artistique** | *Kunsterziehung* | Mon père trouve l'éducation artistique importante. | |
| **artistique** | *künstlerisch, Kunst-* | Le talent artistique de ce peintre est évident. | |
| **être doué, e (pour qc)** | *(für etw.) begabt sein* | Elle est très douée pour la peinture. | = avoir du talent |

| mot français | dt. Bedeutung | phrase française | syn./ant. |
|---|---|---|---|
| inaugurer qc | *etw. eröffnen* | L'artiste a solennellement inauguré son exposition. | |
| le patrimoine (mondial) | *(Welt-)Kulturerbe* | Le mont Saint-Michel fait partie du patrimoine mondial. | |
| roman, e | *romanisch* | En Provence, on trouve des églises romanes. | |
| gothique | *gotisch* | Notre-Dame de Paris est une cathédrale gothique. | |
| baroque | *barock* | L'architecture baroque est née en Italie au XVII$^{e}$ siècle. | |
| moderne | *modern* | J'aime l'art moderne. | ≠ ancien, ne, classique |
| authentique | *echt, authentisch* | Le roman repose sur une histoire authentique. | = vrai, e<br>≠ faux, fausse |
| esthétique | *schön, ästhetisch* | Ce bâtiment n'a rien d'esthétique. | |
| figuratif, -ve | *gegenständlich* | Un tableau figuratif montre la réalité. | ≠ abstrait, e |
| abstrait, e | *unanschaulich, abstrakt* | Je n'arrive pas à m'imaginer la maison du protagoniste. La description est trop abstraite. | ≠ figuratif, -ve |

## 3 *La musique* – Musik

| mot français | dt. Bedeutung | phrase française | syn./ant. |
|---|---|---|---|
| composer qc | *etw. verfassen, komponieren* | Le compositeur italien Antonio Vivaldi a composé « Les Quatre Saisons ». | = écrire qc |
| le compositeur, la compositrice | *Komponist*in* | Hector Berlioz est un compositeur français. | |

| mot français | dt. Bedeutung | phrase française | syn./ant. |
|---|---|---|---|
| **interpréter qc** | *etw. wiedergeben, interpretieren* | J'adore la façon dont elle interprète les vieilles chansons françaises. | |
| **l'interprète** [m/f] | *Sänger*in, Interpret*in* | Édith Piaf était une interprète française. | = le chanteur, la chanteuse |
| **le chansonnier, la chansonnière** | *Kabarettist*in* | Le chansonnier a fait de son mieux pour divertir le public. | |
| **sortir un album** | *ein Album herausbringen* | J'ai hâte que mon groupe préféré sorte un nouvel album. | |
| **mettre qc en musique** | *etw. vertonen* | Carl Orff a mis en musique la cantate « Carmina Burana ». | |
| **débuter** [intr.] | *sein Debüt geben* | La chanteuse Patricia Kaas a débuté dans les années 80. | = commencer |
| **le tube** [fam.] | *Hit, Schlager* | Chaque année, il y a des tubes de l'été. | |
| **être à la mode** | *in Mode sein, modern sein* | Ce qui est à la mode cette année sera déjà démodé l'année prochaine. | = être moderne<br>≠ être démodé, e, être dépassé, e |
| **l'orchestre** [m] | *Orchester* | Le chef d'orchestre dirige les musiciens. | |
| **le, la violoniste** | *Geiger*in* | Mon père est violoniste. | |
| **la batterie** | *Schlagzeug* | Mes parents ne veulent pas que je joue de la batterie à cause du bruit. | |
| **la chorale** | *Chor* | Ma sœur chante dans une chorale. | |

| mot français | dt. Bedeutung | phrase française | syn./ant. |
|---|---|---|---|
| **le chant** | *Gesang* | Certains participants à cette émission n'ont vraiment aucun talent pour le chant. | |
| **doux, -ce** | *sanft, mild, weich* | Elle a une voix très douce. | ≠ dur, e, agressif, -ve |
| **le son** | *Ton, Klang* | J'aime le son de ta voix. | |
| **le couplet** | *(Lied-)Strophe* | Les couplets alternent avec le refrain. | = la strophe |
| **les paroles** [f/pl] | *Liedtext* | Tu sais où je peux trouver les paroles de cette chanson de hip-hop ? | |
| **gai, e** | *fröhlich, heiter* | Mon grand-père est toujours gai. | = joyeux, -se ≠ triste, mélancolique |
| **joyeux, -se** | *lustig, fröhlich* | Il est tout joyeux depuis qu'il a acheté cet album de jazz. | = gai, e ≠ triste, mélancolique |
| **vif, -ve** | *lebhaft, lebendig* | La mélodie de cette chanson est très vive. | ≠ monotone |
| **monotone** | *eintönig, monoton* | Je déteste les mélodies monotones. | ≠ vif, -ve |
| **mélancolique** | *schwermütig, melancholisch* | Cette chanson de rock me rend mélancolique même si tout le monde l'aime. | = triste ≠ gai, e, joyeux, -se |
| **le rythme** | *Rhythmus* | Le rythme de cette chanson de pop est très lent. | |
| **l'accompagnement** [m] | *Begleitung* | L'accompagnement du chant par le piano est intéressant. | |
| **le style** | *(Musik-)Stil* | Le style préféré de mon frère, c'est le rap. | |

## 4 *Le théâtre* – Theater

| mot français | dt. Bedeutung | phrase française | syn./ant. |
|---|---|---|---|
| la pièce (de théâtre) | *Theaterstück* | Ma fille joue une pièce de théâtre au collège. | |
| le drame | *Drama* | Corneille est un grand auteur de drames. | |
| la tragédie | *Tragödie* | Je n'aime pas les tragédies au théâtre. | ≠ la comédie |
| la comédie | *Komödie* | En regardant cette comédie, j'ai beaucoup ri. | ≠ la tragédie |
| l'acte [m] | *Akt* | Elle a déjà quitté le théâtre pendant le premier acte. | |
| l'intrigue [f] | *Handlung; Intrige* | Presque dans chaque tragédie, il y a une intrigue. | |
| l'auteur [m], l'auteure [f] (dramatique/ tragique/ comique) | *(Bühnen-/Tragödien-/Komödien-) Autor*in* | Jean Racine est un auteur dramatique français du XVII$^{e}$ siècle. | |
| le metteur, la metteuse en scène | *(Theater-) Regisseur*in* | Les frères Cohen sont des metteurs en scène connus. | = le, la cinéaste, le réalisateur, la réalisatrice |
| le comédien, la comédienne | *(Bühnen-) Schauspieler*in* | Un comédien doit avoir une voix très forte. | = l'acteur [m], l'actrice [f] |
| porter qc à la scène | *etw. auf die Bühne bringen* | Le réalisateur a porté une comédie classique à la scène. | = mettre qc en scène, réaliser qc |
| mettre qc en scène | *bei etw. Regie führen, etw. inszenieren* | Cette année, le théâtre de Lyon mettra en scène *Rhinocéros* d'Eugène Ionesco. | = porter qc à la scène, réaliser qc |
| la répétition générale | *Generalprobe* | La répétition générale est importante pour les acteurs. | |

| mot français | dt. Bedeutung | phrase française | syn./ant. |
|---|---|---|---|
| **avoir le trac [fam.]** | *Lampenfieber haben* | L'acteur avait le trac avant la première de la pièce. | = être nerveux, -se |
| **le lever de rideau** | *Aufgehen/Hochgehen des Vorhangs* | Le lever de rideau est un moment important au début d'une pièce de théâtre. | |
| **le décor** | *Bühnenbild, Kulissen* | Le décor est un peu trop moderne, tu ne trouves pas ? | |
| **les mœurs [f/pl]** | *Sitten* | La comédie a pour but de corriger les mœurs par le rire. | |
| **la péripétie** | *Wendepunkt, Peripetie* | La péripétie est un élément important du théâtre classique. | |
| **le point culminant** | *Höhepunkt* | Le point culminant de la pièce de théâtre m'a beaucoup touché. | = le sommet |
| **le dénouement** | *(Auf-)Lösung, Dénouement* | Le dénouement termine l'action d'une pièce de théâtre. | = la fin<br>≠ le début |
| **applaudir (qn/qc)** | *(jdm./etw.) Beifall klatschen, Beifall spenden* | Les spectateurs ont applaudi pendant 10 minutes. | |
| **faire une ovation à qn** | *jdm. stürmisch(en) Beifall klatschen* | Quand le rideau s'est ouvert, le public a commencé à faire une ovation. | |
| **le bis** | *Zugabe* | Le public a crié « bis, bis » trois fois. | |

## 5 *Le cinéma* – Kino

| mot français | dt. Bedeutung | phrase française | syn./ant. |
|---|---|---|---|
| **le, la cinéphile** | *Kinoliebhaber*in, Filmkenner*in* | Je suis cinéphile depuis que je suis allée au cinéma pour la première fois. | |
| **le, la cinéaste** | *Filmemacher*in, Filmschaffende*r* | Luc Besson est un cinéaste français. | = le réalisateur, la réalisatrice, le metteur, la metteuse en scène |
| **réaliser qc** | *bei etw. Regie führen, etw. inszenieren* | Claude Chabrol a déjà réalisé énormément de films. | = mettre qc en scène |
| **le réalisateur, la réalisatrice** | *Regisseur*in* | Les réalisateurs du film *Intouchables* s'appellent Nakache et Toledano. | = le, la cinéaste, le metteur, la metteuse en scèn |
| **le scénario** | *Drehbuch* | En général, il y a beaucoup de dialogues dans un scénario. | |
| **le, la scénariste** | *Drehbuchautor*in* | Le scénariste écrit le scénario d'un film. | |
| **le court métrage** | *Kurzfilm* | Ce film comporte 18 courts métrages. | ≠ le long métrage |
| **le long métrage** | *Spielfilm* | Au cinéma, on montre surtout des longs métrages. | ≠ le court métrage |
| **tourner qc** | *etw. (ab)drehen* | Mon film préféré a été tourné en Provence. | = filmer qc |
| **le tournage** | *Dreharbeiten* | Le réalisateur a dû interrompre le tournage à cause de la pluie. | |
| **le cadreur, la cadreuse** | *Kameramann, Kamerafrau* | La cadreuse dirige la caméra. | = le caméraman, la camérawoman |

| mot français | dt. Bedeutung | phrase française | syn./ant. |
|---|---|---|---|
| **adapter qc au cinéma** | *etw. verfilmen* | *Monsieur Ibrahim et les fleurs du Coran* a été adapté au cinéma. | = porter qc à l'écran |
| **sortir en salles** | *in die Kinos kommen* | Tu sais quels films vont sortir en salles cette semaine ? | |
| **la projection** | *Vorführung* | La projection du film commence à 20 heures. | |
| **des lunettes [f/pl] 3D** | *3D-Brille* | Les lunettes 3D permettent au spectateur de voir l'image en trois dimensions. | |
| **la bande-annonce** | *Vorschau, Trailer* | Quand j'ai vu la bande-annonce de ce film, j'ai tout de suite voulu le voir. | = la présentation |
| **le générique** | *Vorspann, Abspann* | Dans le générique, on apprend les noms de tous les acteurs et actrices. | |
| **le synopsis** | *Übersicht, Zusammenfassung* | Je te conseille de lire le synopsis de ce film avant d'aller le voir. | |
| **le rôle principal** | *Hauptrolle* | Cette actrice joue souvent des rôles principaux. | ≠ le second rôle |
| **le second rôle** | *Nebenrolle* | Souvent, je préfère les acteurs qui jouent le second rôle. | ≠ le rôle principal |
| **le figurant, la figurante** | *Statist*in* | Ils cherchent encore des figurants pour le prochain film de Luc Besson ! | |
| **la vedette** | *Star* | Omar Sy est une vedette française. | = la star |
| **l'autographe [m]** | *Autogramm* | Je voudrais avoir un autographe de Fanny Ardant. | |

| mot français | dt. Bedeutung | phrase française | syn./ant. |
|---|---|---|---|
| **le film policier** | *Krimi(nalfilm)* | *Léon* est un film policier avec Jean Reno. | = le polar [fam.] |
| **le film d'aventure** | *Abenteuerfilm* | Certains films d'aventure durent très longtemps. | |
| **le film d'amour** | *Liebesfilm* | Ma tante regarde beaucoup de films d'amour. | |
| **le film de science-fiction** | *Science-Fiction-Film* | Un exemple de film de science-fiction est *La Planète des singes.* | |
| **le film fantastique** | *Fantasyfilm* | *Le Seigneur des anneaux* est un film fantastique. | |
| **le film d'horreur** | *Horrorfilm* | Beaucoup de gens ont peur en regardant des films d'horreur. | |
| **le film historique** | *Historienfilm* | *La rafle* est un film historique qui parle de la déportation des Juifs vers le camp de concentration d'Auschwitz. | |
| **le film d'action** | *Actionfilm* | *Taxi* est un film d'action français. | |
| **le thriller** | *Thriller* | En général, il y a beaucoup de suspense dans les thrillers. | = le film à suspense |
| **le documentaire** | *Dokumentarfilm* | Son grand-père était fan des documentaires sur les animaux. | |
| **le dessin animé** | *Zeichentrickfilm* | Le dessin animé préféré de mon frère, c'est *Les Schtroumpfs.* | |
| **la comédie musicale** | *Musical* | La comédie musicale mélange la comédie, le chant et la danse. | |

| mot français | dt. Bedeutung | phrase française | syn./ant. |
|---|---|---|---|
| **sous-titré, e** | *untertitelt, mit Untertiteln* | Je suis allée voir un film français sous-titré en allemand. | |
| **l'effet [m] spécial** | *Spezialeffekt* | Tu as vu les effets spéciaux du nouveau *James Bond*? | |
| **le mouvement de la caméra** | *Kameraführung* | Le mouvement de la caméra dans ce film m'a énervé. | |
| **le plan d'ensemble** | *totale Einstellung, Gesamtaufnahme* | Le caméraman filme les acteurs en entier dans un plan d'ensemble. | |
| **le plan rapproché** | *Nahaufnahme* | Avec un plan rapproché, on peut montrer des détails au spectateur. | |
| **le gros plan** | *Großaufnahme* | Le gros plan montre uniquement une partie d'une personne sur laquelle l'attention est attirée. | |
| **le retour en arrière** | *Flashback, Rückblende* | Le film commence par un retour en arrière. | = le flash-back |
| **en plongée** | *aus der Vogelperspektive, von oben* | Au début d'un film, on montre souvent des villes en plongée. | ≠ en contre-plongée |
| **en contre-plongée** | *aus der Froschperspektive, von unten* | Quand on oriente la caméra vers le ciel, on filme en contre-plongée. | ≠ en plongée |
| **faire la queue** | *Schlange stehen, anstehen* | J'ai fait la queue pendant une heure pour avoir des billets pour ce film. | = attendre son tour |
| **l'exception [f] culturelle** | *[Besonderheiten in der Kulturpolitik Frankreichs, z. B. der Schutz französischsprachiger Kunst]* | On parle d'exception culturelle française pour dire que les productions artistiques et culturelles françaises sont particulières et protégées. | |

## 6 *La langue* – Sprache

| mot français | dt. Bedeutung | phrase française | syn./ant. |
|---|---|---|---|
| **la communauté linguistique** | *Sprachgemeinschaft* | La Belgique comprend trois communautés linguistiques. | |
| **le locuteur natif, la locutrice native** | *Muttersprachler*in* | Un locuteur natif parle couramment sa langue maternelle. | |
| **la langue maternelle** | *Muttersprache* | Le français est la langue maternelle de beaucoup de Québecois. | ≠ la langue étrangère |
| **la langue étrangère** | *Fremdsprache* | Pour les Allemands, le français est une langue étrangère. | ≠ la langue maternelle |
| **la langue officielle** | *Amtssprache* | Le français est la langue officielle en France. | |
| **la langue de travail** | *Arbeitssprache* | La Commission européenne a trois langues de travail : anglais, français et allemand. | |
| **la langue véhiculaire** | *Verkehrssprache* | L'anglais et l'espagnol sont des langues véhiculaires mondiales. | = la langue de communication |
| **la langue d'enseignement** | *Unterrichtssprache* | Le français est la langue d'enseignement dans les universités marocaines. | |
| **la langue parlée** | *gesprochene Sprache* | « Je suis crevé » est une expression de la langue parlée. | ≠ la langue écrite |
| **la langue écrite** | *geschriebene Sprache* | Dans la langue écrite, on dit « ça m'est égal » au lieu de « je m'en fous ». | ≠ la langue parlée |

| mot français | dt. Bedeutung | phrase française | syn./ant. |
|---|---|---|---|
| **l'argot** [m] | *Argot* | Il y a beaucoup de mots d'argot pour désigner l'argent, par exemple *fric* ou *thune*. | |
| **le verlan** | *[auf Silbenvertauschung beruhende Sprache]* | Même pour les Français, il est parfois difficile de comprendre le verlan. | |
| **le patois** | *(örtlicher) Dialekt, Mundart* | Mon grand-père parle le patois de sa région. | = le dialecte |
| **l'anglicisme** [m] | *Anglizismus* | Dans la langue française, on trouve de plus en plus d'anglicismes. | |
| **le franglais** | *[mit Anglizismen vermischtes Französisch]* | La plupart des Français sont contre l'utilisation du franglais. | |
| **l'ancien français** [m] | *Altfranzösisch* | *La Chanson de Roland* est écrite en ancien français. | |
| **majoritaire** | *Mehrheiten-, der Mehrheit* | Le suisse-allemand est la langue majoritaire en Suisse. | ≠ minoritaire |
| **minoritaire** | *Minderheiten-, der Minderheit* | Le breton est une langue minoritaire en France. | ≠ majoritaire |
| **le niveau de langue** | *Sprachniveau, Sprachebene* | Après deux ans d'apprentissage, j'ai obtenu un niveau de langue assez élevé en espagnol. | |
| **bilingue** | *zweisprachig* | Les enfants bilingues parlent deux langues couramment. | ≠ monolingue, unilingue |
| **maitriser une langue** | *eine Sprache beherrschen* | Après son stage en France, elle maitrisait bien la langue. | |
| **parler une langue couramment** | *eine Sprache fließend sprechen* | Même après cinq ans d'études, elle a du mal à parler la langue couramment. | |

| mot français | dt. Bedeutung | phrase française | syn./ant. |
|---|---|---|---|
| **s'exprimer** | *sprechen, sich ausdrücken* | Tu as vu la façon dont la petite fille s'exprime déjà ? C'est impressionnant ! | = parler |
| **faire des fautes** [f/pl] | *Fehler machen* | Je fais encore des fautes en anglais, mais je réussis à me faire comprendre. | |
| **le langage** | *Sprache, Sprachstil* | Il fait beaucoup attention au langage de ses enfants. | |
| **clair, e** | *klar, deutlich* | J'aime le style clair de cet auteur. | |
| **neutre** | *neutral* | Le style de ce roman n'est ni soutenu ni simple, il est plutôt neutre. | |
| **familier, -ère** | *umgangssprachlich* | Le mot familier pour « l'ami », c'est « le pote ». | ≠ élevé, e, soutenu, e |
| **soutenu, e** | *gehoben, erhaben* | Ma mère a toujours voulu que nous utilisions un langage soutenu à la maison. | ≠ familier, -ère |
| **ironique** | *ironisch* | Tu as lu l'article ironique sur les réseaux sociaux ? | |
| **courant, e** | *geläufig, gängig, Alltags-* | « Faire la tête » est une expression courante en français. | |
| **au sens propre** | *im eigentlichen Sinn* | Au sens propre, le mot « cœur » désigne l'organ. | ≠ au sens figuré |
| **au sens figuré** | *im übertragenen Sinn* | « Être mort », au sens figuré, c'est juste être très fatigué. | ≠ au sens propre |
| **l'interprète** [m/f] | *Dolmetscher*in* | Elle veut devenir interprète parce qu'elle est bilingue. | |
| **le traducteur, la traductrice** | *Übersetzer*in* | Ma copine voudrait devenir traductrice parce qu'elle adore les langues. | |

| mot français | dt. Bedeutung | phrase française | syn./ant. |
|---|---|---|---|
| **l'orthographe [f]** | *Rechtschreibung* | La réforme de l'orthographe est controversée. | |
| **la ponctuation** | *Zeichensetzung* | La ponctuation peut changer le sens d'une phrase. | |
| **la grammaire** | *Grammatik* | Je trouve que la grammaire allemande est beaucoup plus compliquée que la grammaire française. | |
| **s'accorder avec qc** | *sich nach etw. richten, an etw. angleichen* | En français, l'adjectif s'accorde en genre et en nombre avec le substantif auquel il se rapporte. | |
| **le néologisme** | *Wortneuschöpfung* | Un néologisme est la création d'un nouveau mot. | |
| **la majuscule** | *Großbuchstabe* | Les noms propres s'écrivent avec une majuscule. | ≠ la minuscule |
| **la minuscule** | *Kleinbuchstabe* | La Francophonie avec une majuscule est autre chose que la francophonie avec une minuscule. | ≠ la majuscule |
| **la consonne** | *Konsonant* | La lettre « t » est une consonne. | ≠ la voyelle |
| **la voyelle** | *Vokal* | La lettre « a » est une voyelle. | ≠ la consonne |
| **francophone** | *französisch sprechend, -sprachig* | Le Congo fait partie des pays francophones. | |
| **francophile** | *frankreich-, franzosenfreundlich* | Les francophiles aiment la France. | ≠ francophobe |
| **francophobe** | *frankreich-, franzosenfeindlich* | Les francophobes n'aiment pas la France. | ≠ francophile |
| **le québécois** | *[das in Québec gesprochene Französisch]* | Au Québec, on parle le québécois. | |

| mot français | dt. Bedeutung | phrase française | syn./ant. |
|---|---|---|---|
| **le québécisme** | *„quebecer“ Ausdruck* | Le québécisme « magasiner » veut dire « faire du shopping » en français standard. | |
| **wallon, ne** | *wallonisch* | Le wallon est une langue parlée en France, en Belgique et dans l'État du Wisconsin aux États-Unis. | |
| **flamand, e** | *flämisch* | Le flamand est l'ensemble des dialectes néerlandais parlés en Belgique. | |
| **suisse romand, e** | *(französisch) schweizerisch* | Le suisse romand est parlé dans la partie francophone (Suisse romande) de la Suisse. | |
| **romanche** | *rätoromanisch, romantsch* | Environ 60 000 Suisses parlent encore le romanche. | |

# L'économie – Wirtschaft

## 1 L'économie politique et la gestion d'entreprise – Volkswirtschaft und Betriebswirtschaft

| mot français | dt. Bedeutung | phrase française | syn./ant. |
|---|---|---|---|
| la politique économique | *Wirtschaftspolitik* | La politique économique de mon pays est bonne. | |
| l'économie [f] politique | *Volkswirtschaft(slehre), VWL* | Après le bac, j'aimerais étudier l'économie politique. | |
| la gestion [f] d'entreprise | *Betriebswirtschaft(slehre), BWL* | Le cours de gestion d'entreprise commencera demain. | |
| l'économie [f] sociale de marché | *soziale Marktwirtschaft* | Dans les pays d'Europe, on pratique l'économie sociale de marché. | |
| économique | *wirtschaftlich, Wirtschafts-* | La situation économique n'est pas bonne en ce moment. | |
| croitre [intr.] | *wachsen, zunehmen* | Quand l'économie connait des difficultés, le chômage croît. | = augmenter, grandir, s'agrandir ≠ baisser, diminuer |
| la croissance (zéro) | *(Null-)Wachstum* | Il n'y a plus de croissance dans ce pays. | = l'augmentation [f] |
| le taux de croissance | *Wachstumsrate* | Il faut travailler plus pour améliorer le taux de croissance. | |
| relancer qc | *etw. wiederankurbeln, in Schwung bringen* | L'État prend des mesures pour relancer l'économie. | |

| mot français | dt. Bedeutung | phrase française | syn./ant. |
|---|---|---|---|
| **l'essor** [m] | *Aufschwung, Auftrieb* | L'économie va prendre un essor après les élections. | ≠ le déclin, la chute, la récession |
| **l'action** [f] | *Aktie* | Grâce à ses actions, il a fait fortune. | |
| **l'actionnaire** [m/f] | *Aktionär*in* | Il est l'un des actionnaires de l'entreprise. | |
| **la bourse** | *Börse* | À la bourse, on échange des actions. | |
| **la hausse** | *Anstieg, Erhöhung* | La bourse de Paris a fini en hausse de 2 %. | ≠ la baisse |
| **la baisse** | *Rückgang, Zurückgehen* | La bourse de Rome a fini en baisse de 3 %. | ≠ la hausse |
| **le taux d'inflation** | *Inflationsrate* | Le taux d'inflation a dépassé les 2 %. | |
| **s'aggraver** | *sich verschlechtern, sich verschlimmern* | La situation économique s'est aggravée. | = se détériorer ≠ s'améliorer |
| **reculer** | *zurückgehen, sich zurückziehen* | Les résultats économiques ont reculé de 2 % en février. | = baisser ≠ augmenter, avancer |
| **la récession** | *Rückgang der Konjunktur, Rezession* | Pendant une récession l'activité économique n'avance pas. | ≠ l'essor [m] |
| **l'effondrement** [m] | *Einsturz, Zusammenbruch* | L'effondrement des marchés économiques a eu des conséquences pour toute l'Europe. | |
| **résister (à qc)** | *(einer Sache) trotzen, widerstehen* | Son entreprise a pu résister à la crise. | |
| **stagner** [intr.] | *stocken, stagnieren* | En ce moment, l'inflation stagne. | |

| mot français | dt. Bedeutung | phrase française | syn./ant. |
|---|---|---|---|
| **la politique d'austérité [f]** | *Sparpolitik* | La politique d'austérité du gouvernement actuel ne plait pas à l'opposition. | = l'austérité [f] |
| **la conjoncture** | *Wirtschaftslage, Konjunktur* | La conjoncture est en hausse. | |
| **le commerce** | *Handel* | Ma mère travaille dans le commerce. | |
| **l'offre [f]** | *Angebot* | S'il n'y a pas assez d'offres, les prix augmentent. | ≠ la demande |
| **la demande** | *Nachfrage* | Tu as vu ? Si peu d'offres pour tant de demandes ! | ≠ l'offre [f] |
| **le bénéfice** | *Gewinn, Ertrag* | Les bénéfices réalisés avec ce produit sont énormes. | = le gain<br>≠ la perte |
| **la perte** | *Verlust* | Des pertes l'ont amené à vendre son entreprise. | ≠ le bénéfice, le gain |
| **la faillite** | *Konkurs, Pleite, Bankrott* | L'entreprise a fait faillite. | |
| **les frais [m/pl]** | *Kosten, Ausgaben* | Les frais de transport sont payés par le client. | = les couts [m/pl], les dépenses [f/pl] |
| **la dépense** | *Ausgabe, Aufwendung* | J'ai eu plus de dépenses que de recettes. | ≠ la recette |
| **la recette** | *Einnahme, Ertrag* | Heureusement que mes recettes ont été supérieures à mes dépenses. | ≠ la dépense |
| **la mondialisation** | *Globalisierung* | Les adversaires de la mondialisation ont manifesté devant le congrès. | |
| **la douane** | *Zoll(behörde)* | La douane contrôle les conteneurs venant d'Australie. | |
| **délocaliser qc** | *etw. (ins Ausland) verlegen, verlagern* | L'entreprise a délocalisé ses usines à l'étranger pour gagner de l'argent. | = transférer qc |

| mot français | dt. Bedeutung | phrase française | syn./ant. |
|---|---|---|---|
| la part de marché | *Marktanteil* | La part de marché est importante pour le chef d'entreprise. | |
| nationaliser qc | *etw. verstaatlichen* | Les pays communistes ont nationalisé toutes les entreprises. | ≠ privatiser qc |
| le pays industriel | *Industrieland* | La France est un grand pays industriel. | |
| le pays en voie de développement | *Entwicklungsland* | Les pays en voie de développement sont souvent des pays très pauvres. | |
| le pays émergent | *Schwellenland* | Un pays émergent n'est plus un pays en voie de développement, mais pas encore un pays développé. | |
| fusionner | *sich zusammenschließen, fusionieren* | Depuis que les deux entreprises ont fusionné, leur chiffre d'affaires augmente. | |
| gérer qc | *etw. führen, leiten* | Ce n'est pas facile de gérer une grande entreprise. | = diriger qc |
| la gestion | *Geschäftsführung, Geschäftsleitung* | Il a travaillé pendant 10 ans dans la gestion d'entreprise. | |
| le, la responsable de service | *Abteilungsleiter*in* | Mon père est le responsable de service. | |
| la distribution | *Vertrieb* | Ma femme travaille dans la distribution. | = la vente |
| le créneau | *Marktlücke* | L'entreprise rêve de trouver un créneau dans le commerce. | |
| la foire | *Messe* | À la foire, on peut découvrir de nouveaux produits. | |

| mot français | dt. Bedeutung | phrase française | syn./ant. |
|---|---|---|---|
| **promouvoir qc** | *für etw. Werbung machen, werben* | Ce produit n'a pas été assez promu. | = faire de la publicité pour qc, faire de la pub pour qc [fam.] |
| **publicitaire** | *Werbe-* | La campagne publicitaire a été un grand succès. | |
| **la cible** | *Zielgruppe* | Les jeunes sont la cible de beaucoup de chaines de télévision. | |
| **le cout de la vie** | *Lebenshaltungskosten* | Le cout de la vie a encore augmenté. | |
| **le niveau de vie** | *Lebensstandard* | Il a du mal à comparer le niveau de vie de deux pays. | |
| **consommer (qc)** | *(etw.) verbrauchen, konsumieren* | S'installer dans un café sans consommer n'est pas permis. | |
| **la consommation** | *Verbrauch, Konsum* | Heureusement, la consommation de tabac est en train de baisser. | |
| **le consommateur, la consommatrice** | *Verbraucher*in, Konsument*in* | Si le consommateur n'est pas bien renseigné sur un produit, il ne l'achètera pas. | |
| **la défense du consommateur** | *Verbraucherschutz* | Les associations de défense du consommateur ont déjà gagné plusieurs procès contre l'industrie. | |
| **les biens** [m/pl] | *Güter* | Après le divorce, ils ont partagé leurs biens communs. | |
| **le pouvoir d'achat** | *Kaufkraft* | Le pouvoir d'achat des consommateurs a augmenté. | |
| **compétitif, -ve** | *konkurrenzfähig, wettbewerbsfähig* | Son entreprise n'est plus compétitive. | |

| mot français | dt. Bedeutung | phrase française | syn./ant. |
|---|---|---|---|
| la libre concurrence | *freier Wettbewerb* | C'est grâce à la libre concurrence que le prix de certains produits baisse. | |
| faire concurrence à qn | *mit jdm. konkurrieren* | Il ne voulait pas faire concurrence à son ami. | |
| faire face à qn/qc | *jdm./etw. die Stirn bieten* | Avec son petit commerce, il ne peut pas faire face aux supermarchés. | |
| tenir sa place | *seinen Platz behaupten* | Grâce à ses clients fidèles, il peut tenir sa place parmi les concurrents. | |
| performant, e | *leistungsfähig, wirksam* | Cet ordinateur n'est pas très performant. | |
| efficace | *effizient, wirksam, fähig* | Le nouveau chef est très efficace. | |
| considérable | *beträchtlich, ansehnlich* | Il a dû payer une somme considérable pour le portrait de Napoléon. | |
| à long terme | *langfristig* | À long terme, j'aurai besoin d'un nouvel ordinateur. | = à la longue<br>≠ à court terme |
| à court terme | *kurzfristig* | À court terme, je ne peux pas acheter d'ordinateur parce que je n'ai pas assez d'argent. | ≠ à long terme, à la longue |

## 2 *Les secteurs économiques* – Wirtschaftssektoren

| mot français | dt. Bedeutung | phrase française | syn./ant. |
|---|---|---|---|
| la branche | *Branche, Zweig* | Il y a différentes branches économiques. | |
| le secteur primaire | *primärer Sektor [Landwirtschaft, Fischerei, Minen]* | L'agriculture fait partie du secteur primaire. | |

| mot français | dt. Bedeutung | phrase française | syn./ant. |
|---|---|---|---|
| **l'agriculture** [f] | *Landwirtschaft* | Mon grand-père a travaillé dans l'agriculture. | |
| **l'agriculteur** [m], **l'agricultrice** [f] | *Landwirt*in* | Les agriculteurs doivent travailler dur. | = le paysan, la paysanne |
| **la ferme** | *Bauernhof* | Mes enfants adorent les vacances à la ferme. | |
| **élever qn/qc** | *jdn./etw. aufziehen, züchten* | Mon voisin élève des poules. | |
| **l'élevage** [m] | *(Auf-)Zucht* | Ma fille s'intéresse à l'élevage des lapins. | |
| **planter qc** | *etw. anbauen, pflanzen* | Cette année, on va planter trois arbres dans le jardin. | |
| **semer qc** | *etw. säen, aussäen, ansäen* | Tu sais comment semer des graines de carottes ? | = planter qc |
| **cultiver qc** | *etw. anbauen, bebauen* | Mes parents cultivent deux sortes de pommes. | |
| **exploiter qc** | *etw. bewirtschaften* | La famille Leroux exploite sa ferme depuis 150 ans. | |
| **arroser qc** | *etw. gießen* | Si on n'arrose pas les tomates, elles mourront. | |
| **irriguer qc** | *etw. bewässern* | L'agriculteur irrigue ses champs régulièrement. | ≠ assécher qc |
| **pousser** [intr.] | *wachsen* | Je ne comprends pas pourquoi rien ne pousse dans notre jardin. | = croitre [intr.] |
| **la récolte** | *Ernte* | La moisson est la récolte des céréales, tu le savais ? | |
| **récolter qc** | *etw. ernten* | Dans un mois, on va récolter les fraises. | |
| **la moisson** | *(Getreide-)Ernte* | Autrefois, on faisait la moisson sans l'aide de la machine. | |

| mot français | dt. Bedeutung | phrase française | syn./ant. |
|---|---|---|---|
| **les vendanges [f/pl]** | *Weinlese* | Les vendanges se font en automne. | = la vendange |
| **la vigne** | *Weinstock, Weinberg, Weinfeld* | Il est dur de travailler à la vigne quand il fait chaud. | |
| **la pêche** | *Fischerei, Fischfang* | La pêche est le sport préféré de notre voisin. | |
| **le pêcheur, la pêcheuse** | *Fischer*in* | Les pêcheurs se lèvent aussi tôt que les boulangers. | |
| **la mine** | *Bergbau* | Travailler à la mine est dangereux. | |
| **le mineur** | *Bergarbeiter*in* | Les mineurs prennent une douche après le travail. | |
| **le secteur secondaire** | *sekundärer Sektor [Industrie]* | L'industrie est le secteur secondaire de l'économie. | |
| **l'industrie [f]** | *Industrie* | L'industrie joue un rôle important dans l'économie nationale. | |
| **l'industrie [f] de l'armement** | *Rüstungsindustrie* | L'État dépense beaucoup d'argent pour l'industrie de l'armement. | |
| **l'agro-alimentaire [m]** | *Nahrungsmittelindustrie* | L'agro-alimentaire produit de plus en plus de produits bio. | |
| **le textile** | *Textilindustrie* | Ma sœur travaille dans le textile – quelle chance pour moi ! | |
| **la construction mécanique** | *Maschinenbau* | Dans la construction mécanique, on fabrique des machines. | |
| **la construction navale** | *Schiffbau* | Dans la construction navale, on fabrique des bateaux. | |
| **la chaine (de montage)** | *Fließband* | Il est interdit pour les femmes enceintes de travailler à la chaine. | |

| mot français | dt. Bedeutung | phrase française | syn./ant. |
|---|---|---|---|
| **travailler à la chaine** | *am Fließband arbeiten* | Mon père trouve fatigant de travailler à la chaine. | |
| **la technologie de pointe** | *Spitzentechnologie* | Le TGV est un produit de la technologie de pointe. | = la haute technologie |
| **le secteur tertiaire** | *tertiärer Sektor [Dienstleistungssektor]* | Mon frère exerce une activité dans le secteur tertiaire : il travaille à la banque. | |
| **les services** [m/pl] | *Dienstleistungen* | Les services de cette banque me plaisent beaucoup. | |
| **le libre-service** | *Selbstbedienung* | À Paris, j'ai loué un vélo en libre-service. | |
| **la marchandise** | *Ware* | Je vais renvoyer la marchandise parce qu'elle ne me plait pas. | |
| **le rayon** | *Abteilung* | Je vais au rayon parfumerie, on se retrouve après ? | |
| **les soldes** [f/pl] | *Schlussverkauf* | Ma mère n'attend que les soldes pour s'acheter un nouveau pantalon. | |
| **être en promotion** | *im Sonderangebot sein* | J'attends que ces chaussures soient en promotion. | = être en promo [fam.] |
| **la banque** | *Bank* | Il faut que je passe à la banque pour retirer de l'argent. | |
| **le compte** | *(Bank-)Konto* | Julie veut ouvrir un compte pour son fils. | |
| **prendre un crédit** | *einen Kredit aufnehmen* | Pour acheter la maison, ils doivent prendre un crédit. | ≠ accorder un crédit à qn |
| **rembourser un crédit** | *einen Kredit zurückzahlen* | Il ne peut plus rembourser son crédit. | |
| **le virement** | *Überweisung* | Tu as déjà fait le virement ou tu veux que je le fasse ? | |

| mot français | dt. Bedeutung | phrase française | syn./ant. |
|---|---|---|---|
| **la carte de crédit** | *Kreditkarte* | Ma carte de crédit est encore valable pendant trois ans. | |
| **acheter à crédit** | *auf Kredit kaufen* | Guy a acheté sa voiture à crédit. | |
| **l'achat** [m] | *Kauf* | Je n'aime pas faire des achats sur Internet parce qu'on n'a pas les produits devant soi. | ≠ la vente |
| **les conditions** [f/pl] **de paiement** | *Zahlungsbedingungen* | Il faut accepter les conditions de paiement avant de passer la commande. | |
| **brut, e** | *brutto* | Mon père est satisfait de son salaire brut. | ≠ net, te |
| **net, te** | *netto* | Zut ! Je n'ai pas vu que c'était le prix net ! Il faut encore ajouter la TVA. | ≠ brut, e |
| **la remise** | *Rabatt, Nachlass* | Le magasin fait une remise de 10 % sur toutes les chaussures d'hiver. | = le rabais |
| **payer (au) comptant** | *bar bezahlen* | Dans ce magasin, on peut seulement payer comptant. | = payer en espèces [f/pl] |
| **le versement** | *Rate* | Il est possible de payer la machine à laver en plusieurs versements. | |
| **la lettre de rappel** | *Mahnung* | Je n'ai pas encore fait le virement, j'aurai sûrement une lettre de rappel. | |
| **le taux d'intérêt** | *Zinssatz, Zinsniveau* | Les taux d'intérêt sont très bas en ce moment. | |
| **le pourcentage** | *Prozentsatz* | Quel pourcentage des Français paie des impôts ? | |
| **la vente** | *Verkauf* | Ce médicament est en vente libre. | ≠ l'achat [m] |

| mot français | dt. Bedeutung | phrase française | syn./ant. |
|---|---|---|---|
| **la vente par correspondance** | *Versandhandel* | Amazon est une entreprise de vente par correspondance. | = la V.P.C. |
| **le commerce en ligne** | *Onlinehandel* | Le commerce en ligne est trés populaire. | |
| **la provenance** | *Herkunft* | Ces tissus sont en provenance de la Chine. | = l'origine [f] |
| **les conditions [f/pl] de vente** | *Verkaufsbedingungen* | D'après les conditions de vente, je peux renvoyer la marchandise si elle ne me plait pas. | |
| **la commande** | *Bestellung, Auftrag* | Je ne comprends pas pourquoi le produit n'arrive pas. J'ai fait la commande il y a une semaine. | |
| **livrer qc** | *etw. liefern* | Je me fais livrer toutes mes chaussures à la maison. | = fournir qc |
| **la livraison (à domicile)** | *Lieferung (nach Hause)* | La livraison sera en retard à cause de la neige. | = la fourniture |
| **le service après-vente** | *Kundendienst* | Le service après-vente de cette entreprise laisse à désirer. | |
| **assurer qn/qc** | *jdn./etw. versichern* | Magali a assuré son vélo contre le vol. | |
| **l'assurance [f]** | *Versicherung* | Il faut déclarer les dégâts à l'assurance. | |
| **le dommage** | *Schaden* | La grêle a causé de grands dommages aux voitures. | |

## 3 *Les sciences* – Naturwissenschaften

| mot français | dt. Bedeutung | phrase française | syn./ant. |
|---|---|---|---|
| **le, la scientifique** | *Wissenschaftler*in* | À l'université, on trouve surtout des scientifiques. | |
| **scientifique** | *wissenschaftlich, Wissenschafts-* | Il a fait des études scientifiques. | |
| **explorer qc** | *etw. erforschen, untersuchen* | Marco Polo a exploré l'Orient. | = rechercher qc, étudier qc |
| **l'explorateur** [m], **l'exploratrice** [f] | *Forscher*in* | Les explorateurs ont fait une excursion au pôle nord. | = le chercheur, la chercheuse |
| **rechercher qc** | *etw. erforschen* | Le scientifique recherche la cause de ce phénomène. | = explorer qc, étudier qc |
| **le chercheur, la chercheuse** | *Forscher*in* | Marie Curie était une grande chercheuse d'origine polonaise. | = l'explorateur [m], l'exploratrice [f] |
| **l'outil** [m] | *Werkzeug* | Dans sa voiture, elle a tous les outils pour changer un pneu si nécessaire. | |
| **l'invention** [f] | *Erfindung* | Son invention lui a rapporté beaucoup d'argent. | |
| **la découverte** | *Entdeckung* | Pas mal de gens pensent que la découverte de l'atome était une mauvaise chose. | |
| **la physique** | *Physik* | La physique est une science de la nature. | |
| **atomique** | *Atom-* | La bombe atomique est une invention diabolique. | |
| **le courant (électrique)** | *Strom* | Si on ne paie pas la facture d'électricité, on n'a plus de courant. | = l'électricité [f] |
| **la prise (de courant)** | *Steckdose* | Il faut couvrir les prises si on a des enfants. | |

| mot français | dt. Bedeutung | phrase française | syn./ant. |
|---|---|---|---|
| **la tension** | *Spannung* | En Europe, la tension électrique est de 230 volts. | |
| **la pile** | *Batterie* | Les piles rechargeables sont bonnes pour l'environnement. | |
| **gazeux, -se** | *gasförmig* | Quand l'eau atteint une température de 100°C, elle devient gazeuse. | |
| **liquide** | *flüssig* | L'eau est liquide. | = fluide |
| **solide** | *fest* | Le métal est solide. | |
| **mesurer qc** | *etw. (aus)messen* | Tu as déjà mesuré la température dans la maison ? | |
| **le mathématicien, la mathématicienne** | *Mathematiker*in* | Un mathématicien doit beaucoup calculer. | |
| **la calculatrice** | *Taschenrechner* | Mon fils se sert souvent de sa calculatrice. | |
| **calculer (qc)** | *(etw.) (be)rechnen* | Calculons la distance entre Munich et Paris : ça fait environ 850 kilomètres. | = faire le calcul (de qc) |
| **résoudre qc** | *etw. (auf)lösen* | Mon petit frère a souvent du mal à résoudre des problèmes mathématiques. | |
| **additionner qc** | *etw. zusammenzählen, addieren* | Le plus facile en maths, c'est d'additionner deux nombres. | ≠ soustraire qc |
| **soustraire qc** | *etw. abziehen, subtrahieren* | Soustraire un nombre d'un autre n'est pas très difficile. | ≠ additionner qc |
| **multiplier par qc** | *mit etw. malnehmen, multiplizieren* | Cinq multiplié par deux, ça fait dix. | ≠ diviser par qc |
| **diviser par qc** | *durch etw. teilen, dividieren* | Dix divisé par deux, ça fait cinq. | ≠ multiplier par qc |

| mot français | dt. Bedeutung | phrase française | syn./ant. |
|---|---|---|---|
| **le, la biologiste** | *Biologe/Biologin* | Les biologistes sont souvent aussi des écologistes. | |
| **le mammifère** | *Säugetier* | Les mammifères vivent sur la terre. | |
| **le vertébré** | *Wirbeltier* | Les oiseaux et les poissons sont des vertébrés. | |
| **les amphibiens** [m/pl] | *Amphibien* | La grenouille fait partie des amphibiens. | |
| **l'insecte** [m] | *Insekt* | La mouche est un insecte. | |
| **le reptile** | *Reptil, Kriechtier* | Le serpent est un reptile. | |
| **aquatique** | *Wasser-* | Les animaux aquatiques vivent dans l'eau. | |
| **fruitier, -ère** | *Frucht-, Obst-* | Nous avons deux arbres fruitiers dans notre jardin. | |
| **le conifère** | *Nadelbaum* | Je n'aime pas les conifères parce qu'ils piquent. | |
| **l'arbre** [m] **feuillu** | *Laubbaum* | Les arbres feuillus perdent leurs feuilles en automne. | |
| **les agrumes** [m/pl] | *Zitrusfrüchte* | En hiver, il faut manger des agrumes pour leur richesse en vitamine C. | |
| **la femelle** | *Weibchen* | La femelle du mouton s'appelle « la brebis ». | ≠ mâle |
| **le mâle** | *Männchen* | Chez les pingouins, ce sont les mâles qui s'occupent des petits. | ≠ femelle |
| **le clone** | *Klon* | Le premier clone, c'était un mouton. | |
| **le clonage** | *Klonen* | Le clonage d'êtres humains n'est pas permis. | |
| **la reproduction** | *Vermehrung* | La reproduction artificielle de l'homme est théoriquement possible. | |

| mot français | dt. Bedeutung | phrase française | syn./ant. |
|---|---|---|---|
| **le gène** | *Gen* | Il sait chanter sans l'avoir appris : il l'a dans les gènes. | |
| **la génétique** | *Genforschung, Gentechnik* | On n'arrête pas de faire des progrès en génétique. | |
| **controversé, e** | *umstritten, kontrovers* | Les OGM sont très controversés en France. | = discuté, e |
| **le, la chimiste** | *Chemiker*in* | Les chimistes développent de nouveaux médicaments. | |
| **la chimie** | *Chemie* | En France, la chimie est enseignée dès le collège. | |
| **l'essai** [m] | *Versuch, Experiment* | Mon professeur de chimie s'est gravement blessé en faisant cet essai. | = l'expérience [f] |
| **l'oxygène** [m] | *Sauerstoff* | Nous respirons tous de l'oxygène. | |
| **consister en qc** | *aus etw. bestehen, sich aus etw. zusammensetzen* | Un gâteau consiste en farine, beurre, sucre et œufs. | |
| **le défi** | *Herausforderung* | Le clonage est un grand défi pour les chercheurs. | |
| **ambitieux, -se** | *ehrgeizig, strebsam* | Les chercheurs connus étaient tous très ambitieux. | ≠ indifférent, e, désintéressé, e |

# *Le monde du travail* – Arbeitswelt

## 1 *L'enseignement* – Unterrichtswesen

| mot français | dt. Bedeutung | phrase française | syn./ant. |
|---|---|---|---|
| **l'établissement [m]** | *Schule, Bildungsanstalt* | Le prof n'aime pas travailler dans cet établissement. | = l'école [f], le collège, le lycée |
| **fréquenter une école** | *eine Schule besuchen* | Les éléves très intelligents peuvent fréquenter une école d'élite. | |
| **l'école [f] privée** | *Privatschule* | L'école privée a meilleure réputation que l'école publique. | ≠ l'école [f] publique |
| **l'école [f] publique** | *öffentliche Schule* | La plupart des élèves fréquentent une école publique. | ≠ l'école [f] privée |
| **le ministère de l'Éducation nationale** | *Erziehungs-, Kultus-, Bildungs-, Schulministerium* | Le ministère de l'Éducation nationale est chargé des écoles. | |
| **le système scolaire** | *Schulsystem* | Les systèmes scolaires en France et en Allemagne sont très différents. | |
| **la scolarité obligatoire** | *Schulpflicht* | En France, la scolarité obligatoire va jusqu'à l'âge de 16 ans. | |
| **l'éducateur [m], l'éducatrice [f]** | *Erzieher*in* | L'éducateur s'occupe des enfants en difficulté. | |
| **surveiller qn** | *jdn. beaufsichtigen, auf jdn. aufpassen* | Les professeurs surveillent les élèves. | = garder qn |
| **le surveillant, la surveillante** | *Aufsichtsperson, Aufseher*in* | Le surveillant a puni l'élève parce qu'il a frappé un autre élève. | |

| mot français | dt. Bedeutung | phrase française | syn./ant. |
|---|---|---|---|
| **l'école [f] maternelle** | *Kindergarten, Vorschule* | En France, les enfants vont à l'école maternelle jusqu'à l'âge de six ans. | = la maternelle |
| **avoir cours** | *Unterricht haben* | Aujourd'hui, il a cours jusqu'à 16 heures. | |
| **enseigner qc à qn** | *jdn. in etw. unterrichten* | M. Martin enseigne les maths aux jeunes lycéens depuis 20 ans. | = apprendre qc à qn |
| **l'enseignement** [m] | *Unterricht, das Unterrichten* | L'enseignement est parfois très difficile. | = le cours |
| **l'enseignant** [m], **l'enseignante** [f] | *Lehrkraft, Lehrer*in* | Les enseignants exercent un métier stressant. | = le professeur, la professeure |
| **le professeur, la professeure des écoles** | *Grundschul-lehrer*in* | Les professeurs des écoles étaient auparavant appelés instituteurs. | = l'instituteur [m], l'institutrice [f] |
| **le directeur, la directrice** | *Schulleiter*in* | La directrice de l'école est très sévère. | |
| **le principal, la principale** | *Leiter*in eines Collège* | Aujourd'hui, le principal veut réunir les professeurs. | |
| **le collégien, la collégienne** | *Schüler*in eines Collège* | C'est sa dernière année comme collégienne. | |
| **le brevet des collèges** | *Abschlusszeugnis des Collège [≈ mittlere Reife]* | Après quatre ans d'études, les élèves obtiennent le brevet des collèges. | |
| **le proviseur, la proviseure** | *Leiter*in eines Lycée* | Mon père apprécie beaucoup le proviseur de mon lycée. | |
| **le professeur, la professeure de lycée** | *Gymnasial-lehrer*in* | En France, les professeurs de lycée n'enseignent qu'une seule matière. | |

| mot français | dt. Bedeutung | phrase française | syn./ant. |
|---|---|---|---|
| **le professeur principal, la professeure principale** | *Klassenlehrer*in* | Ma mère trouve mon professeur principal sympa. | |
| **le lycéen, la lycéenne** | *Schüler*in eines Lycée* | Quand j'étais lycéen, je ne buvais pas encore de café. | |
| **l'interrogation** [f] **(écrite/ orale)** | *(schriftliche/ mündliche) Prüfung* | Cette semaine, on a une interrogation écrite en maths et une interrogation orale en allemand. | = l'interro [f] [fam.] |
| **l'épreuve** [f] **(écrite/orale)** | *(schriftliche/ mündliche) Prüfung* | L'épreuve de maths était vraiment dure. | = l'examen [m], l'interrogation [f] |
| **passer un examen** | *eine Prüfung ablegen* | Il va passer un examen important dans une semaine. | |
| **la moyenne (des notes)** | *Notendurchschnitt* | Ma copine a une moyenne de 15. | |
| **copier (sur qn)** | *(bei jdm.) abschreiben* | Il y a un élève dans ma classe qui copie sur les autres depuis des années. | |
| **la copie** | *(Klassen-)Arbeit* | À la fin de l'épreuve, il faut rendre les copies au professeur. | |
| **passer en classe supérieure** | *versetzt werden* | Trois de mes camarades ne passeront pas en classe supérieure cette année. | ≠ redoubler (une classe) |
| **l'échec** [m] | *Misserfolg, Scheitern* | L'échec scolaire est un vrai problème en France. | ≠ le succès, la réussite |
| **échouer (à qc)** | *bei etw. scheitern, durchfallen* | Il a échoué à un examen important. | ≠ réussir (à qc) |
| **la culture générale** | *Allgemeinbildung* | Une bonne culture générale est très importante pour tout le monde. | |

| mot français | dt. Bedeutung | phrase française | syn./ant. |
|---|---|---|---|
| **le bac(calauréat)** | *Abitur* | Sans le bac, on n'a pas le droit de faire d'études à l'université. | |
| **le bachelier, la bachelière** | *Abiturient*in* | Les bacheliers ont fait la fête toute la nuit. | |
| **l'Abibac** [m] | *AbiBac [im bilingualen Zweig abgelegtes deutsch-französisches Abitur]* | L'expression « Abibac » est un mélange entre « Abitur » et « baccalauréat ». | |
| **la formation** | *Ausbildung* | Après le bac, elle a décidé de faire une formation au lieu de faire des études. | |
| **la classe préparatoire** | *Vorbereitungsklasse [für eine Elitehochschule]* | Seuls les meilleurs bacheliers peuvent passer en classe préparatoire. | = la prépa [fam.] |
| **s'orienter vers qc** | *sich einer Sache zuwenden* | Après le collège, elle s'oriente vers un bac pro. | |
| **opter pour qc** | *sich für etw. entscheiden, etw. wählen* | À l'université, je vais opter pour les langues. | |
| **le professeur, la professeure d'université** | *Hochschulprofessor*in* | Le professeur d'université est très strict avec ses étudiants. | |
| **la filière** | *Zweig, Studiengang* | Ma sœur va opter pour la filière économique. | |
| **la faculté** | *Universität, Fakultät* | Il y a une fête à la faculté des lettres ce week-end. | = l'université [f], la fac [fam.] |
| **les Grandes Écoles** [f/pl] | *Elitehochschulen [in Frankreich]* | Les Grandes Écoles ont une très bonne réputation en France. | |
| **le concours** | *Auswahlverfahren, (Aufnahme-)Prüfung* | Elle a raté le concours du CAPES trois fois de suite. | |

| mot français | dt. Bedeutung | phrase française | syn./ant. |
|---|---|---|---|
| **s'inscrire (à qc)** | *sich (für etw.) einschreiben* | Tu t'es déjà inscrit au cours du professeur Valentin ? | |
| **les droits universitaires** [m/pl] | *Studiengebühren* | Il y a eu des manifestations contre la hausse des droits universitaires à Paris. | = les frais universitaires, les frais de scolarité, les frais d'enseignement |
| **faire des études** [f/pl] **(universitaires)** | *studieren* | Julie fait des études de maths à Montpellier. | = étudier |
| **le cours magistral** | *Vorlesung* | Aujourd'hui, le cours magistral n'a pas eu lieu parce que le professeur était malade. | |
| **le resto U** [fam.] | *Mensa* | On se donne rendez-vous au resto U ce midi ? | = le restaurant universitaire |
| **la résidence universitaire** | *Studierendenwohnheim* | Mes parents m'ont loué une chambre dans la résidence universitaire. | |
| **la bourse** | *Stipendium* | Les élèves qui ont de très bonnes notes obtiennent une bourse. | |
| **abandonner ses études** [f/pl] | *sein Studium abbrechen* | Elle a décidé d'abandonner ses études pour faire un apprentissage. | ≠ commencer ses études [f/pl] |
| **(passer/obtenir) sa licence/ son master** | *den Bachelor/Master machen* | Après avoir obtenu sa licence, elle a décidé de passer son master. | |
| **la thèse (de doctorat)** | *Doktorarbeit* | Pour pouvoir travailler à l'université, il est conseillé de faire une thèse. | |
| **les lettres** [f/pl] | *Geisteswissenschaften* | J'adore lire, alors je veux faire des études de lettres. | |

| mot français | dt. Bedeutung | phrase française | syn./ant. |
|---|---|---|---|
| **les sciences [f/pl] (physiques et naturelles)** | *Naturwissenschaften* | Ma sœur étudie les sciences pour devenir ingénieure. | |
| **les sciences [f/pl] économiques** | *Wirtschaftswissenschaften* | Les professeurs de sciences économiques travaillent parfois aussi dans une grande entreprise. | |
| **les sciences [f/pl] de l'éducation** | *Erziehungswissenschaften* | Les sciences de l'éducation sont nécessaires pour trouver de nouvelles méthodes pédagogiques. | |
| **Sciences Po(litiques)** | *Hochschule für Politikwissenschaften* | Les hommes politiques n'ont pas tous fait Sciences Politiques. | l'institut [m] d'Études Politiques (IÉP) |
| **obtenir un diplôme** | *ein Diplom erhalten* | À la fin des études, on obtient un diplôme. | |
| **la licence** | *[Studienabschluss nach drei Jahren]* | Après trois ans d'études, on passe la licence. | |
| **le master** | *[Studienabschluss nach fünf Jahren]* | Après cinq ans d'études, on passe le master. | |

## 2 *La vie professionnelle* – Berufsleben

| mot français | dt. Bedeutung | phrase française | syn./ant. |
|---|---|---|---|
| **le marché du travail** | *Arbeitsmarkt* | Il n'y a pas assez d'ingénieurs sur le marché du travail. | |
| **l'orientation [f] professionnelle** | *Berufsberatung* | L'orientation professionnelle aide les jeunes à choisir un métier. | |
| **le conseiller, la conseillère d'orientation** | *Berufsberater*in* | Aujourd'hui, un conseiller d'orientation fait une conférence dans notre collège. | |

| mot français | dt. Bedeutung | phrase française | syn./ant. |
|---|---|---|---|
| **le métier de mes rêves** | *Traumberuf* | Quand j'étais jeune, être policier était le métier de mes rêves. | |
| **le stage** | *Praktikum* | Elle a fait un stage comme animatrice dans un centre de vacances. | |
| **le, la stagiaire** | *Praktikant*in* | Aujourd'hui, le stagiaire doit faire des photocopies. | |
| **le (petit) boulot** [fam.] | *(Neben-)Job* | Elle a un petit boulot dans un café parisien. | |
| **l'apprentissage** [m] | *Lehre* | L'apprentissage de mon frère commencera demain. | |
| **l'apprenti** [m], **l'apprentie** [f] | *Lehrling, Auszubildende*r* | Dans cette entreprise, 200 apprentis commencent leur formation chaque année. | |
| **entrer dans la vie professionnelle** | *in das Berufsleben eintreten* | Mon père est entré dans la vie professionnelle à l'âge de 20 ans. | ≠ prendre sa retraite |
| **partir à la retraite** | *in Rente/Pension gehen* | Après 40 ans de vie active, le proviseur est parti à la retraite. | = prendre sa retraite |
| **le débutant, la débutante** | *Anfänger*in* | Elle a eu le boulot même si elle est débutante en informatique. | |
| **exercer qc** | *etw. ausüben* | Pour gagner de l'argent, il faut exercer un métier. | |
| **l'activité** [f] **professionnelle** | *Berufstätigkeit* | Elle a souvent changé ses activités professionnelles. | ≠ le chômage |
| **le lieu de travail** | *Arbeitsstelle, Arbeitsstätte* | Il fait 50 kilomètres par jour entre son lieu de travail et sa maison. | |

| mot français | dt. Bedeutung | phrase française | syn./ant. |
|---|---|---|---|
| **la profession** | *Beruf* | Boulanger est une profession pour laquelle il faut se lever tôt. | = le métier |
| **l'expérience** [f] **professionnelle** | *Berufserfahrung* | Après les études, on n'a pas encore d'expérience professionnelle. | |
| **les affaires** [f/pl] | *Geschäfte* | Les affaires marchent bien. | |
| **l'homme** [m] **d'affaires, la femme d'affaires** | *Geschäftsmann/-frau* | Il y a de plus en plus de femmes d'affaires. | |
| **les relations** [f/pl] **d'affaires** | *Geschäftsbeziehungen* | Les relations d'affaires entre les deux entreprises sont mauvaises. | |
| **l'employeur** [m], **l'employeuse** [f] | *Arbeitgeber*in* | L'employeur de ma mère accorde aux employés 35 jours de congé par an. | = le patron, la patronne ≠ l'employé [m], l'employée [f], le salarié, la salariée |
| **le salarié, la salariée** | *Arbeitnehmer*in* | En général, les salariés touchent moins de retraite que les fonctionnaires. | = l'employé [m], l'employée [f] ≠ l'employeur [m], l'employeuse [f], le patron, la patronne |
| **le supérieur, la supérieure** | *Vorgesetzte*r* | J'aurai un nouveau supérieur l'année prochaine. | = le, la chef |
| **le personnel** | *Belegschaft, Personal* | Le personnel a décidé de faire grève la semaine prochaine. | = les effectifs [m/pl] |
| **les effectifs** [m/pl] | *Personalbestand, Belegschaft* | Comme l'entreprise produit moins, le patron a décidé de baisser les effectifs. | = le personnel |

| mot français | dt. Bedeutung | phrase française | syn./ant. |
|---|---|---|---|
| **le comité d'entreprise** | *Betriebsrat* | Dans les entreprises de 50 salariés et plus, il existe un comité d'entreprise. | |
| **le cadre (supérieur)/ la cadre (supérieure)** | *leitender Angestellter/leitende Angestellte, Führungskraft* | On m'a proposé un poste de cadre supérieur. | |
| **le dirigeant, la dirigeante** | *Führungskraft, Manager*in* | Le dirigeant a licencié une centaine d'employés. | = le, la manager, le, la chef |
| **l'ouvrier** [m] **non-qualifié, l'ouvrière** [f] **non-qualifiée** | *Hilfsarbeiter*in* | Les ouvriers non-qualifiés ne gagnent pas beaucoup. | ≠ l'ouvrier [m] qualifié, l'ouvrière [f] qualifiée |
| **l'artisan** [m], **l'artisane** [f] | *Handwerker*in* | Les artisans ont construit la maison en quatre mois. | |
| **la main-d'œuvre** | *Arbeitskraft* | La main-d'œuvre étrangère est souvent moins chère. | |
| **le, la collègue** | *Kollege, Kollegin* | Notre nouveau collègue est bien sympa. | |
| **la réunion** | *Treffen, Sitzung, Meeting* | La réunion aura lieu à 15 heures dans la salle de conférence. | |
| **la responsabilité** | *Verantwortung* | Léa exerce un métier à grande responsabilité. | |
| **la formation continue** | *Fortbildung, Weiterbildung* | Elle est obligée de faire une formation continue par an. | = la formation permanente |
| **les possibilités** [f/pl] **de promotion** | *Aufstiegschancen* | J'ai refusé le poste parce que les possibilités de promotion sont mauvaises. | |
| **promouvoir qn/qc** | *jdn. befördern, ernennen; etw. fördern* | Je pense que mon chef va promouvoir ma collègue cette année. | = donner une promotion à qn, donner de l'avancement à qn |

| mot français | dt. Bedeutung | phrase française | syn./ant. |
|---|---|---|---|
| **la promotion** | *Beförderung, Aufstieg* | Grâce à ma promotion, je gagne 200 euros de plus par mois. | = l'avancement [m] |
| **faire carrière** | *Karriere machen* | Plus tard, je voudrais faire carrière dans une grande entreprise parisienne. | |
| **enrichissant, e** | *bereichernd, lohnend* | Son séjour à l'étranger a été très enrichissant. | |
| **la demande d'emploi** | *Stellengesuch* | Ma mère lit les demandes d'emploi parce qu'elle cherche une nouvelle femme de ménage. | ≠ l'offre [f] d'emploi |
| **l'offre** [f] **d'emploi** | *Stellenangebot* | Cette offre d'emploi est vraiment intéressante. | ≠ la demande d'emploi |
| **la lettre de motivation** | *Bewerbung(sschreiben)* | Je trouve ma lettre de motivation très réussie. | |
| **(dé)poser sa candidature** | *sich bewerben* | Il n'a plus envie de poser sa candidature parce qu'on le refuse partout. | |
| **postuler (pour qc)** | *sich für etw. bewerben* | J'ai décidé de postuler pour cet emploi même si le lieu de travail se trouve loin de chez moi. | |
| **l'entretien** [m] **d'embauche** | *Vorstellungsgespräch* | L'entretien d'embauche s'est très bien passé. | |
| **l'aptitude** [f] | *Fähigkeit* | Tu as toutes les aptitudes requises pour cet emploi. | = la compétence, la capacité, la qualité, ≠ le défaut |
| **l'atout** [m] | *Trumpf, Vorteil* | Je pense que je n'aurai pas le poste parce que mon concurrent a plus d'atouts que moi. | = l'avantage [m], la qualité |

| mot français | dt. Bedeutung | phrase française | syn./ant. |
|---|---|---|---|
| **convoquer qn** | *jdn. einladen* | Imagine, ils m'ont convoqué à l'entretien d'embauche ! | = inviter qn |
| **embaucher qn** | *jdn. einstellen, anstellen* | Mon chef n'embauche que les meilleurs diplômés. | = employer qn, recruter qn<br>≠ licencier qn, virer qn [fam.] |
| **recruter qn** | *jdn. anstellen, rekrutieren* | C'est la tâche du chef du personnel de recruter les employés. | = employer qn, embaucher qn<br>≠ licencier qn, virer qn [fam.] |
| **le poste (de)** | *Stelle (als)* | Elle a trouvé un poste de secrétaire dans une grande entreprise. | |
| **le contrat de travail** | *Arbeitsvertrag* | D'après son contrat de travail, il doit travailler 35 heures par semaine. | |
| **les conditions [f/pl] de travail** | *Arbeitsbedingungen* | Elle a signé le contrat parce que les conditions de travail sont excellentes. | |
| **améliorer qc** | *etw. verbessern* | Il va falloir que le patron améliore les conditions de travail. Sinon, ma mère va quitter l'entreprise. | ≠ détériorer qc |
| **s'améliorer** | *sich (ver)bessern, besser werden* | Le comportement du patron vis-à-vis des employés s'est amélioré. | ≠ s'aggraver, se détériorer |
| **à l'essai [m]** | *auf Probe* | Le chef d'entreprise a décidé de me laisser travailler à l'essai. | |
| **la période d'essai** | *Probezeit* | La période d'essai dure six mois. | |

| mot français | dt. Bedeutung | phrase française | syn./ant. |
|---|---|---|---|
| **licencier qn** | *jdn. entlassen* | Le patron a dû licencier 20 ouvriers. | = virer qn [fam.] ≠ employer qn, embaucher qn, recruter qn |
| **le licenciement (économique)** | *(betriebsbedingte) Kündigung* | Il ne s'attendait pas à son licenciement. | ≠ l'embauche [f] |
| **le salaire (brut/net)** | *(Brutto-/Netto-) Gehalt* | Il y a une grande différence entre le salaire brut et le salaire net. | = le revenu |
| **toucher un salaire** | *ein Gehalt beziehen* | Il travaille beaucoup, mais il touche un petit salaire. | |
| **le revenu** | *Einkommen* | Il a du mal à vivre avec son petit revenu. | = le salaire |
| **rémunérer (qn/qc)** | *(jdn./etw.) entlohnen, bezahlen* | Jean exerce un métier bien rémunéré. | = payer |
| **gagner sa vie** | *seinen Lebensunterhalt verdienen* | Mon père gagne sa vie en tant que professeur. | |
| **l'augmentation** [f] **de salaire** | *Gehaltserhöhung* | Ma copine attend l'augmentation de son salaire depuis deux ans. | |
| **l'écart** [m] **de salaire** | *Gehaltsunterschied* | Malgré l'égalité des sexes, il y a toujours un écart de salaire entre les hommes et les femmes. | |
| **les charges** [f/pl] **sociales** | *Sozialabgaben, Lohnnebenkosten* | Il faut retirer les charges sociales du salaire brut pour obtenir le salaire net. | |
| **le plein(-)emploi** | *Vollbeschäftigung* | On peut parler de plein-emploi quand le taux de chômage descend au-dessous de 5 %. | ≠ le chômage, le sous-emploi |
| **être au chômage** | *arbeitslos sein* | Mon père est au chômage depuis cinq ans. | ≠ être en activité |

| mot français | dt. Bedeutung | phrase française | syn./ant. |
|---|---|---|---|
| **le chômeur, la chômeuse (de longue durée)** | *(Langzeit-) Arbeitslose*r* | Certains chômeurs ont souvent des difficultés à payer leur loyer. | = le, la sans-emploi |
| **l'intérim** [m] | *Zeitarbeit* | Depuis deux ans, Charles fait de l'intérim parce qu'il ne trouve pas d'emploi. | = le travail intérimaire |
| **l'intérimaire** [m/f] | *Zeitarbeiter*in* | Les intérimaires sont souvent mal payés. | |
| **le taux de chômage** | *Arbeitslosenquote* | Le taux de chômage a baissé de 2 % ces deux dernières années. | |
| **travailler à plein temps** | *Vollzeit arbeiten* | Christine recommence à travailler à plein temps après son congé de maternité. | ≠ travailler à mi-temps/à temps partiel |
| **travailler à temps partiel** | *Teilzeit arbeiten* | Comme Jean a de jeunes enfants, il travaille à temps partiel. | = travailler à mi-temps<br>≠ travailler à plein temps |
| **travailler à domicile** | *von zu Hause aus arbeiten* | À partir de la semaine prochaine, Lucie travaillera à domicile. | |
| **le travail illégal** | *illegale Beschäftigung* | Le travail illégal est mauvais pour l'économie. | = le travail dissimulé |
| **faire les trois-huit** [m/pl] | *Schicht arbeiten* | On fait les trois-huit dans la fabrication des voitures. | |
| **dans le (secteur) public** | *im öffentlichen Sektor* | Ma mère travaille dans le secteur public. | = dans la fonction publique<br>≠ dans le (secteur) privé |
| **dans le (secteur) privé** | *im Privatsektor* | Mon père travaille dans le secteur privé. | ≠ dans le (secteur) public, dans la fonction publique |

| mot français | dt. Bedeutung | phrase française | syn./ant. |
|---|---|---|---|
| **les heures [f/pl] supplémentaires** | *Überstunden* | Nathalie fait beaucoup d'heures supplémentaires en ce moment. | |
| **l'horaire [m/pl] flexible** | *Gleitzeit* | L'horaire flexible me permet d'aller au travail quand je veux. | |
| **le syndicat** | *Gewerkschaft, Verband* | Il s'engage dans un syndicat. | |
| **faire (la) grève** | *streiken* | Mercredi, les professeurs feront grève. | |
| **le droit de grève** | *Streikrecht* | En Allemagne, les fonctionnaires ne disposent pas du droit de grève. | |
| **concilier qc** | *etw. in Einklang/Übereinstimmung bringen* | Pour beaucoup de femmes, il est difficile de concilier carrière et famille. | = réunir qc |
| **entamer qc** | *etw. beginnen, anfangen* | Je n'ose pas entamer les négociations sur l'augmentation de mon salaire. | = commencer qc<br>≠ terminer qc |
| **se contenter de qc** | *sich mit etw. zufrieden geben, begnügen* | Ayant un mauvais diplôme, je suis obligé de me contenter d'un petit salaire. | = se satisfaire de qc, s'accommoder de qc |
| **négocier qc avec qn** | *mit jdm. (über etw.) verhandeln* | Il faut que je négocie l'augmentation de salaire avec mon supérieur. | |
| **la négociation** | *Verhandlung* | Les négociations entre le syndicat et les entreprises se sont mal passées. | |
| **reprendre le travail** | *die Arbeit wieder aufnehmen* | Jules a repris le travail après avoir eu la grippe pendant deux semaines. | ≠ arrêter le travail |
| **harceler qn** | *jdn. bedrängen, mobben* | Son collègue la harcèle depuis qu'elle est entrée dans l'entreprise. | |

| mot français | dt. Bedeutung | phrase française | syn./ant. |
|---|---|---|---|
| **le harcèlement (psychologique/sexuel)** | *Bedrängen (Mobbing/sexuelle Belästigung)* | Les gens qui doivent supporter le harcèlement ont souvent des problèmes de santé. | |
| **l'indemnité** [f] **de maladie/ de chômage** | *Krankengeld/ Arbeitslosengeld* | Grâce à l'indemnité de chômage, il peut encore nourrir ses enfants. | |
| **le congé (annuel)** | *(Jahres-)Urlaub* | Mon père prend son congé annuel au mois d'aout. | |
| **le jour de congé** | *Urlaubstag* | Ma mère prendra un jour de congé pour aller chez le médecin. | |
| **faire le pont** | *einen Brückentag freinehmen, an einem Brückentag geschlossen haben* | L'entreprise fait le pont trois fois cette année. | |

# *Le monde et l'écologie* – Welt und Ökologie

## 1 *L'environnement et la nature* – Umwelt und Natur

| mot français | dt. Bedeutung | phrase française | syn./ant. |
|---|---|---|---|
| **l'hémisphère** [m] | *Halbkugel* | La France se trouve dans l'hémisphère nord. | |
| **le pôle** | *Pol* | Il y a le pôle Nord et le pôle Sud. | |
| **l'Arctique** [m] | *Arktis* | Les scientifiques ont fait une expédition en Arctique. | ≠ l'Antarctique [m] |
| **l'Antarctique** [m] | *Antarktis* | En Antarctique, on ne trouve pas d'ours polaires, car ils vivent en Arctique. | ≠ l'Arctique [m] |
| **l'équateur** [m] | *Äquator* | Près de l'équateur, il pleut beaucoup. | |
| **occidental, e** | *westlich, West-* | Il part vers la frontière occidentale. | ≠ oriental, e |
| **oriental, e** | *östlich, Ost-* | Je ne connais pas encore la partie orientale de l'Europe. | ≠ occidental, e |
| **l'Hexagone** [m] | *Frankreich [Metropolitan-Frankreich]* | Dans l'Hexagone, on aime le fromage. | = la France (métropolitaine) |
| **la superficie** | *(Ober-)Fläche* | La superficie de la France est de plus de 500 000 km$^2$. | = la surface |
| **la surface** | *Oberfläche* | La surface de la table était recouverte d'une jolie nappe. | = la superficie |
| **les Alpes** [f/pl] | *Alpen* | Ce week-end, je vais faire du ski dans les Alpes. | |
| **les Pyrénées** [f/pl] | *Pyrenäen* | Dans les Pyrénées, il y a des ours. | |

| mot français | dt. Bedeutung | phrase française | syn./ant. |
|---|---|---|---|
| **le Massif central** | *Zentralmassiv* | Dans le Massif central, il y a des volcans éteints. | |
| **la chaine de montagnes** | *Gebirgskette* | Les Alpes sont une grande chaine de montagnes. | |
| **montagneux, -se** | *bergig, gebirgig* | La Suisse est un pays montagneux. | ≠ plat, e |
| **le sommet** | *(Berg-)Gipfel* | Mon but, c'est d'atteindre le sommet avant midi. | = le pic, la cime |
| **bas, se** | *tief, niedrig* | Près de l'Atlantique, les Pyrénées sont basses. | ≠ haut, e |
| **haut, e** | *hoch* | À l'intérieur du pays, les Pyrénées sont plus hautes. | ≠ bas, se |
| **plat, e** | *flach, eben* | Pour moi, le plat pays, c'est la Belgique. | ≠ montagneux, -se |
| **le plateau** | *Hochebene, Plateau* | Après trois heures de marche, nous sommes arrivés sur un plateau. | |
| **la plaine** | *Ebene, Flachland* | Cette plaine est entourée de montagnes. | |
| **s'étaler** | *sich erstrecken* | Le pays plat s'étale sur 100 km$^2$. | = s'étendre |
| **s'étendre** | *sich erstrecken* | Les Alpes s'étendent de la France jusqu'en Slovénie. | = s'étaler |
| **le littoral** | *Küste(ngebiet)* | Il y a plus de vent sur le littoral que dans l'intérieur du pays. | = la côte |
| **la falaise** | *Steilküste, Klippe* | En Bretagne, il y a beaucoup de falaises. | |
| **la marée (basse/haute)** | *Gezeiten (Ebbe/Flut)* | Pendant la marée basse, on peut atteindre le Mont St. Michel à pied. | |
| **l'étang** [m] | *Lagune, Teich* | En Camargue, il y a beaucoup d'étangs. | |

| mot français | dt. Bedeutung | phrase française | syn./ant. |
|---|---|---|---|
| **maritime** | *Meer-, See-* | L'air maritime est bon pour les poumons. | ≠ continental, e |
| **la Méditerranée** | *Mittelmeer* | La Méditerranée est plus calme que l'Atlantique. | = la mer Méditerranée |
| **l'Atlantique** [m] | *Atlantik* | Je vais passer mes vacances au bord de l'Atlantique. | |
| **la Manche** | *Ärmelkanal* | La Manche sépare la France de la Grande-Bretagne. | |
| **le glacier** | *Gletscher* | En été, nous faisons du ski sur des glaciers. | |
| **la source** | *Quelle* | Les sources de nombreuses eaux minérales se trouvent dans le Massif Central. | |
| **le courant** | *Strömung* | On n'a pas pu sauver l'homme qui a été entrainé par le courant. | |
| **l'embouchure** [f] | *Mündung* | Beaucoup de villes ont été construites à l'embouchure d'un fleuve. | |
| **déboucher** | *münden* | La vallée débouche sur une grande plaine. | = se jeter dans qc |
| **le marais** | *Sumpf, Moor* | Il s'est perdu et finalement, il est arrivé au bord d'un marais. | = le marécage |
| **la forêt tropicale** | *Regenwald* | Dans la forêt tropicale, il y a une grande variété d'animaux. | |
| **l'aube** [m] | *Morgengrauen, Morgendämmerung* | Les amoureux se sont rencontrés à l'aube. | ≠ le crépuscule |
| **le crépuscule** | *Abenddämmerung* | C'était une lueur rougeâtre, comme au crépuscule. | ≠ l'aube [m] |

| mot français | dt. Bedeutung | phrase française | syn./ant. |
|---|---|---|---|
| **le coucher du soleil** | *Sonnenuntergang* | C'est très romantique de regarder le coucher du soleil avec la personne aimée. | ≠ le lever du soleil |
| **le lever du soleil** | *Sonnenaufgang* | On dit que Napoléon ne dormait jamais avant le lever du soleil. | ≠ le coucher du soleil |
| **la faune** | *Fauna* | La faune, c'est l'ensemble des animaux d'une région. | |
| **la flore** | *Flora* | La flore, c'est l'ensemble des plantes d'une région. | |

## 2 *L'écologie et la pollution* – Umweltschutz und Umweltverschmutzung

| mot français | dt. Bedeutung | phrase française | syn./ant. |
|---|---|---|---|
| **le Ministère de l'Environnement** [m] | *Umweltministerium* | Le Ministère de l'Environnement s'occupe de la protection de la nature. | |
| **l'écologie** [f] | *Umweltschutz, Ökologie* | Il faut plus de mesures en faveur de l'écologie pour préserver notre planète. | |
| **l'écologiste** [m/f] | *Umweltschützer*in, Ökologe/Ökologin* | À cause des catastrophes naturelles, il y a de plus en plus d'écologistes. | |
| **respectueux, -se de l'environnement** | *umweltbewusst* | Mes parents m'ont appris à être respectueux de l'environnement. | = écolo [fam.] |
| **sauvegarder qc** | *etw. schützen, (be)wahren* | C'est le devoir de tout homme de sauvegarder l'environnement. | = protéger qc, préserver qc |
| **préserver qc** | *etw. schützen, bewahren* | Il faut préserver la nature. | = protéger qc, sauvegarder qc |

| mot français | dt. Bedeutung | phrase française | syn./ant. |
|---|---|---|---|
| **prévenir qc** | *einer Sache vorbeugen, etw. verhüten* | Les écologistes essaient de prévenir la destruction de la Terre. | |
| **la prévention** | *Vorsorge, Prävention* | Grâce à ce programme de prévention, on jette moins de plastique. | |
| **la précaution** | *Vorsichtsmaßnahme* | Tu dois prendre des précautions si tu ne veux pas être surpris. | |
| **la protection** | *Schutz* | À mes yeux, la protection de l'environnement est de plus en plus importante. | |
| **la biodiversité** | *Artenvielfalt, Artenreichtum* | L'homme est en train de faire disparaitre la biodiversité. | |
| **la réserve naturelle** | *Naturschutzgebiet* | S'il n'y avait pas de réserves naturelles, toute la terre serait recouverte de béton. | |
| **l'équilibre** [m] | *Gleichgewicht, Balance* | Il faut garder un équilibre entre le corps et l'esprit. | ≠ le déséquilibre |
| **le développement durable** | *nachhaltige Entwicklung* | Garantir un développement durable est très important pour protéger notre planète. | |
| **être menacé, e de disparition** | *vom Aussterben bedroht sein* | De plus en plus de plantes sont menacées de disparition. | |
| **l'espèce** [f] | *Art, Spezies* | La gentiane est une espèce florale protégée. | |
| **menacer qn/qc** | *jdn./etw. bedrohen* | Les inondations ont menacé plusieurs villages. | |
| **exterminer qn/qc** | *jdn./etw. ausrotten, vernichten* | Il y a de plus en plus d'espèces que l'homme a déjà exterminées. | = anéantir qn/qc, supprimer qn/qc |

| mot français | dt. Bedeutung | phrase française | syn./ant. |
|---|---|---|---|
| **abimer qc** | *etw. zerstören, beschädigen* | Le chien de mon voisin a abimé mon jardin. | = dégrader qc |
| **dégrader qc** | *etw. (nach und nach) zerstören* | L'homme dégrade la forêt tropicale. | = abimer qc |
| **exploiter qc** | *etw. ausbeuten, an etw. Raubbau betreiben* | Si on continue à exploiter la nature, elle sera bientôt morte. | |
| **déboiser qc** | *etw. abholzen* | Le maire voudrait déboiser la forêt pour pouvoir construire une route nationale. | ≠ reboiser qc |
| **le déboisement** | *Abholzung* | Le déboisement sert aussi à avoir du bois de chauffage. | = la déforestation<br>≠ le reboisement, la reforestation |
| **reboiser qc** | *etw. wiederaufforsten* | Après l'incendie, les écologistes ont reboisé la forêt entière. | ≠ déboiser qc |
| **épuiser qc** | *etw. aufbrauchen* | Si on continue à exploiter les ressources naturelles sans contrôle, elles seront bientôt épuisées. | |
| **polluer qc** | *etw. verschmutzen, verseuchen* | Les vieilles voitures polluent l'air. | |
| **le polluant** | *Schadstoff* | Beaucoup de pesticides sont des polluants. | |
| **l'impact** [m] **(sur qc)** | *(Aus-)Wirkung (auf etw.)* | L'impact des usines polluantes sur la nature est considérable. | = l'influence [f] (sur qc) |
| **étouffer (qn)** | *(jdn.) ersticken* | J'avais l'impression d'étouffer tellement il y avait de pollution aujourd'hui. | ≠ respirer |

| mot français | dt. Bedeutung | phrase française | syn./ant. |
|---|---|---|---|
| **les gaz [m/pl] d'échappement** | *Abgase* | En général, les nouvelles voitures émettent moins de gaz d'échappement que les anciennes. | |
| **la voiture hybride** | *Hybridauto* | Une voiture hybride utilise au moins deux sources d'énergie différentes. | |
| **la fumée** | *Rauch, Qualm* | Tu as vu ? La fumée des usines est toute noire. | |
| **émettre qc** | *etw. ausstoßen, abgeben* | Cette vieille voiture émet beaucoup de gaz toxiques. | = rejeter qc |
| **l'émission [f]** | *Ausstoß* | L'émission de gaz d'échappement nuit à la nature. | |
| **les particules [f/pl] fines** | *Feinstaub* | Les particules fines nuisent beaucoup à la santé des habitants des grandes villes. | |
| **l'interdiction [f] de circuler** | *Fahrverbot* | À cause de l'interdiction de circuler, les habitants sont obligés de prendre le bus. | |
| **toxique** | *giftig, Gift-* | Beaucoup de gaz toxiques polluent l'atmosphère. | |
| **prendre des mesures [f/pl] (pour/contre qc)** | *(für/gegen etw.) Maßnahmen ergreifen* | Le gouvernement a pris des mesures pour protéger l'environnement. | |
| **s'insurger (contre qn/qc)** | *sich (gegen jdn./etw.) empören, entrüsten, erheben* | Le peuple s'est insurgé contre les mesures du gouvernement. | = se soulever (contre qn/qc), se révolter (contre qn/qc), se rebeller (contre qn/qc) |

| mot français | dt. Bedeutung | phrase française | syn./ant. |
|---|---|---|---|
| **être en jeu** | *auf dem Spiel stehen* | L'argent qui est en jeu s'élève à une somme considérable. | |
| **la taxe carbone** | *$CO_2$-Steuer* | La taxe carbone n'existe pas dans tous les pays. | |
| **le gaz carbonique** | *Kohlendioxid* | Les êtres humains expirent du gaz carbonique. | |
| **l'oxyde [m] de carbone** | *Kohlenmonoxid* | Une voiture émet de l'oxyde de carbone. | |
| **l'ozone [m]** | *Ozon* | L'ozone est un gaz naturel sans odeur et sans gout. | |
| **la pluie acide** | *saurer Regen* | Les forêts meurent à cause des pluies acides. | |
| **la couche d'ozone** | *Ozonschicht* | La couche d'ozone nous protège contre les rayons du soleil. | |
| **l'effet [m] de serre** | *Treibhauseffekt* | La température de la planète augmente à cause de l'effet de serre. | |
| **le gaz à effet de serre** | *Treibhausgas* | Le $CO_2$ est un des principaux gaz à effet de serre. | |
| **la bombe (aérosol)** | *Spray(dose)* | Je n'utilise que des bombes sans gaz. | |
| **se réchauffer** | *sich erwärmen* | Notre planète est en train de se réchauffer. | ≠ refroidir |
| **le réchauffement (de la planète)** | *(Erd-)Erwärmung* | Si on ne veut pas que les glaciers fondent, il faut stopper le réchauffement de la planète. | = le réchauffement climatique |
| **la famine** | *Hunger(snot)* | Beaucoup d'enfants en Afrique souffrent de la famine. | |

| mot français | dt. Bedeutung | phrase française | syn./ant. |
|---|---|---|---|
| **l'eau [f] potable** | *Trinkwasser* | En Afrique, il est souvent difficile de trouver de l'eau potable. | |
| **les eaux [f/pl] usées** | *Abwasser* | Les eaux usées sont acheminées vers la station d'épuration. | = les égouts [m/pl] |
| **la station d'épuration** | *Kläranlage* | Les eaux usées sont transportées dans la station d'épuration. | |
| **la marée noire** | *Ölpest* | La marée noire est toujours le résultat du naufrage d'un bateau. | |
| **le pétrolier** | *(Öl-)Tanker* | Le pétrolier Erika a fait naufrage près de la côte bretonne. | |
| **empoisonner qn/qc** | *jdn./etw. vergiften* | L'homme a empoisonné sa femme et ses enfants. | |
| **le poison** | *Gift(stoff)* | L'arsenic est un poison mortel. | |
| **nuire à qn/qc** | *jdm./etw. schaden, Schaden zufügen* | Les sacs en plastique et les gobelets jetables nuisent à l'environnement. | |
| **les nuisances sonores** | *Lärmbelästigung* | En ville, la circulation cause des nuisances sonores. | |
| **nocif, -ve** | *schädlich* | Ils ont déménagé à cause des fumées nocives de l'usine d'à côté. | = dangereux, -se |
| **la pollution du sol** | *Bodenverschmutzung* | La pollution du sol s'aggrave depuis quelques années. | |
| **l'engrais [m]** | *Dünger* | Les engrais sont importants pour que les plantes poussent. | |
| **l'herbicide [m]** | *Unkrautvernichtungsmittel* | Je refuse d'utiliser des herbicides dans mon jardin. | |

| mot français | dt. Bedeutung | phrase française | syn./ant. |
|---|---|---|---|
| **le pesticide** | *Schädlingsbekämpfungsmittel, Pestizid* | Les pesticides nuisent à la santé. | |
| **les ordures** [f/pl] | *Abfall, Müll* | Il faut faire tout pour éviter de produire des ordures. | = les déchets [m/pl] |
| **les déchets** [m/pl] | *Abfall, Müll* | En réduisant les déchets ménagers, j'essaie de protéger l'environnement. | = les ordures [f/pl] |
| **biodégradable** | *biologisch abbaubar* | Les produits organiques sont biodégradables. | |
| **la décharge** | *Müllhalde, Mülldeponie* | Aujourd'hui, il n'y a plus beaucoup de décharges. | |
| **incinérer qc** | *etw. verbrennen* | Les déchets qui ne sont pas biodégradables sont incinérés. | = bruler qc |
| **trier qc** | *etw. trennen, sortieren* | Je trie les déchets alors que mon voisin jette tout directement à la poubelle. | |
| **composter qc** | *etw. kompostieren* | Les Allemands compostent plus les ordures organiques que les Français. | |
| **recycler qc** | *etw. wiederaufbereiten, recyceln* | En recyclant les produits, elle donne un bon exemple à ses enfants. | |
| **le papier recyclé** | *Recyclingpapier* | Le papier recyclé n'est pas aussi blanc que le papier normal. | |
| **l'emballage** [m] | *Verpackung(smaterial)* | Essayez d'acheter des produits sans emballages ! | |
| **la bouteille consignée** | *Pfandflasche* | Tu peux rendre les bouteilles consignées au supermarché, s'il te plait ? | |
| **la pollution sonore** | *Lärmbelästigung* | La pollution sonore est un facteur de stress. | |

| mot français | dt. Bedeutung | phrase française | syn./ant. |
|---|---|---|---|
| le bruit | *Lärm, Geräusch* | En ville, il y a plus de bruit qu'à la campagne. | |
| bruyant, e | *laut, geräuschvoll* | Je ne supporte pas les discothèques bruyantes. | ≠ tranquille, silencieux, -se, calme |

## 3 *Les énergies* – Energie

| mot français | dt. Bedeutung | phrase française | syn./ant. |
|---|---|---|---|
| la ressource (naturelle) | *(natürlicher) Rohstoff* | Le bois est une ressource qui repousse. | |
| l'énergie [f] fossile | *fossile Energie* | Le gaz, le pétrole et le charbon sont des énergies fossiles. | |
| le charbon | *Kohle* | Le charbon devient de plus en plus rare comme ressource. | |
| le pétrole | *(Erd-)Öl* | Les plus grandes ressources de pétrole sont en Arabie Saoudite. | |
| le gaz naturel | *(Erd-)Gas* | La Russie est un grand fournisseur de gaz naturel. | |
| combustible | *brennbar* | Le charbon et le bois sont des produits combustibles. | |
| inflammable | *entzündlich* | Les récipients de liquides inflammables portent le symbole d'une flamme. | |
| inépuisable | *unerschöpflich* | Le soleil est une source d'énergie inépuisable. | ≠ épuisable |
| l'énergie [f] nucléaire | *Atomenergie* | L'Allemagne a décidé d'abandonner l'énergie nucléaire. | |
| la centrale nucléaire | *Kernkraftwerk* | En France, il y a beaucoup de centrales nucléaires. | |

| mot français | dt. Bedeutung | phrase française | syn./ant. |
|---|---|---|---|
| **le rayonnement** | *Strahlung* | Évite de t'exposer au rayonnement nucléaire. | = les radiations [f/pl] |
| **irradier qn/qc** | *jdn./etw. verstrahlen* | Les habitants ont été irradiés lors d'une explosion. | = contaminer qn/qc |
| **radioactif, -ve** | *radioaktiv* | La police surveille le transport des déchets radioactifs. | |
| **contaminer qn/qc** | *jdn./etw. verseuchen, infizieren* | L'eau du fleuve est contaminée par la radioactivité de la centrale nucléaire. | |
| **stocker qc** | *etw. (ein)lagern* | La commune stocke ses déchets dans une décharge. | = déposer qc |
| **le stockage définitif** | *Endlagerung* | Le stockage définitif des déchets nucléaires pose encore des problèmes. | |
| **le conteneur** | *Behälter, Container* | Il a mis son verre usagé dans un conteneur. | |
| **l'accident** [m] **nucléaire** | *Atomunfall* | En 2011, il y a eu un grave accident nucléaire au Japon. | |
| **l'incident** [m] **nucléaire** | *nuklearer Störfall* | En général, un incident nucléaire est beaucoup moins dangereux qu'un accident nucléaire. | |
| **l'essai** [m] **nucléaire** | *Atomtest* | La France a poursuivi ses essais nucléaires. | |
| **le risque** | *Risiko, Gefahr* | Le risque d'un accident nucléaire est omniprésent. | = le danger |
| **les énergies** [f/pl] **renouvelables** | *erneuerbare Energien* | Pour préserver notre planète, beaucoup de pays favorisent les énergies renouvelables. | |
| **éolien, ne** | *Wind-* | L'énergie éolienne est produite par le vent. | |
| **l'éolienne** [f] | *Windrad, Windkraftanlage* | En mer du Nord, il y a de grands parcs d'éoliennes. | |

| mot français | dt. Bedeutung | phrase française | syn./ant. |
|---|---|---|---|
| **solaire** | *Sonnen-, Solar-* | Profitons de l'énergie solaire, c'est gratuit ! | |
| **le panneau solaire** | *Solarkollektor* | Dans le sud de la France, on peut voir de grands champs de panneaux solaires. | = le capteur solaire |
| **hydraulique** | *Wasser-, Wasserkraft-* | La moitié de l'électricité du pays est produite par l'énergie hydraulique. | |
| **la centrale hydroélectrique** | *Wasserkraftwerk* | Mon père a essayé de m'expliquer le fonctionnement d'une centrale hydroélectrique. | |
| **géothermique** | *Erdwärme-* | Depuis quelques années, on utilise aussi l'énergie géothermique pour chauffer des bâtiments. | |
| **le carburant** | *Treibstoff* | Les manifestants exigent une baisse du prix du carburant. | |
| **gaspiller qc** | *etw. verschwenden* | Si on prend un bain tous les jours, on gaspille de l'eau. | ≠ économiser qc |
| **le gaspillage (alimentaire)** | *(Lebensmittel-) Verschwendung* | Depuis 2016, il existe en France une loi contre le gaspillage alimentaire. | |
| **économiser qc** | *etw. sparen, mit etw. sparsam umgehen* | Il pourrait économiser de l'énergie en éteignant la lumière pendant la journée. | ≠ gaspiller qc |

## 4 *Le temps et les catastrophes naturelles* – Wetter und Naturkatastrophen

| mot français | dt. Bedeutung | phrase française | syn./ant. |
|---|---|---|---|
| **printanier, -ère** | *frühlingshaft, Frühlings-* | Le soleil printanier est encore très faible. | |
| **estival, e** | *sommerlich, Sommer-* | Un short est un vêtement estival. | |
| **automnal, e** | *herbstlich, Herbst-* | Le temps automnal rend quelques personnes dépressives. | |
| **hivernal, e** | *winterlich, Winter-* | Le ski est un sport hivernal. | |
| **le climat** | *Klima* | Je trouve le climat méditerranéen très agréable. | |
| **la zone climatique** | *Klimazone* | En cours, nous avons parlé aujourd'hui des différentes zones climatiques. | |
| **l'atmosphère** [f] | *Atmosphäre* | L'atmosphère terrestre entoure notre planète. | |
| **les prévisions** [f/pl] | *Wettervorhersage* | Les prévisions ne sont pas toujours exactes. | = la météo |
| **la canicule** | *Hitzeperiode* | Pendant la canicule en 2003, beaucoup de vieilles personnes sont mortes. | = la vague de chaleur ≠ le froid |
| **la sécheresse** | *Dürre, Trockenheit* | La sécheresse en Afrique provoque beaucoup de morts. | ≠ l'humidité [f] |
| **la pénurie (d'eau)** | *(Wasser-) Knappheit* | La pénurie d'eau désespère beaucoup de gens. | |
| **le froid** | *Kälte* | Le froid s'est répandu dans toute la France. | ≠ la chaleur |
| **geler (qc)** | *(etw.) gefrieren (lassen)* | Il a fait tellement froid que l'eau des rivières a gelé. | ≠ dégeler (qc), fondre (qc) |

| mot français | dt. Bedeutung | phrase française | syn./ant. |
|---|---|---|---|
| **dégeler (qc)** | *(etw.) (auf)tauen* | Quand le verglas dégèle, il y a beaucoup d'eau sur les routes. | ≠ geler (qc) |
| **le verglas** | *Glatteis* | Je me suis cassé la jambe en tombant sur le verglas. | |
| **fondre** | *schmelzen* | Les glaces fondent au soleil. | ≠ geler (qc) |
| **la fonte des glaces polaires** | *Schmelzen der Polarkappen* | La fonte des glaces polaires provoque une montée des eaux en Antarctique. | |
| **les précipitations** [f/pl] | *Niederschläge* | Les précipitations des dernières semaines ont fait monter les eaux des rivières. | |
| **pluvieux, -se** | *regnerisch, Regen-* | Nous partirons, même par un temps pluvieux. | ≠ sec, sèche |
| **l'arc-en-ciel** [m] | *Regenbogen* | Après la pluie, elle a pu voir un superbe arc-en-ciel. | |
| **grêler** [intr./imp.] | *hageln* | Hier, il a grêlé. | |
| **la grêle** | *Hagel* | Par temps de grêle, ma mère ne me laisse pas sortir. | |
| **le brouillard** | *Nebel* | Près d'un fleuve, il y a souvent du brouillard. | |
| **épais, se** | *dick, dicht* | Le brouillard était tellement épais que je ne pouvais pas voir à 50 mètres. | |
| **humide** | *feucht, nass* | Dans les pays tropicaux, il y a un climat humide. | ≠ sec, sèche |
| **tiède** | *lau(warm)* | En été, les nuits sont parfois tièdes. | |
| **lourd, -de** | *schwül, drückend* | Juste avant un orage, il fait souvent lourd. | |
| **brumeux, -se** | *diesig, neblig* | Je suis arrivé à Paris par un temps brumeux. | |

| mot français | dt. Bedeutung | phrase française | syn./ant. |
|---|---|---|---|
| **s'éclaircir** | *sich aufhellen, aufheitern* | Pendant la journée, le ciel s'est éclairci. | ≠ se couvrir |
| **frais, fraiche** | *kühl, frisch* | Pendant la nuit, il fait frais. | ≠ chaud, e |
| **le changement climatique** | *Klimawandel* | Le changement climatique menace l'humanité. | |
| **la catastrophe naturelle** | *Naturkatastrophe* | L'homme ne peut rien faire contre les catastrophes naturelles. | |
| **tropical, e** | *tropisch* | Je ne supporte pas le climat tropical. | |
| **le cyclone** | *Wirbelsturm, Zyklon* | Pendant un cyclone, le vent peut souffler à plus de 200 km/h. | = l'ouragan [m], le typhon |
| **inonder qc** | *etw. überfluten, überschwemmen* | L'ile a été inondée par un tsunami. | |
| **l'inondation [f]** | *Überflutung, Überschwemmung* | L'inondation a provoqué beaucoup de morts. | |
| **le barrage** | *Staudamm* | Après les inondations des dernières années, la ville a décidé de faire construire un barrage. | |
| **la montée des eaux** | *Ansteigen des Meeresspiegels* | La montée des eaux est causée par le réchauffement climatique. | |
| **le raz-de-marée** | *Flutwelle* | Les habitants de l'ile essaient de lutter contre les dégâts causés par le raz-de-marée. | |
| **le tremblement de terre** | *Erdbeben* | Heureusement que les tremblements de terre sont assez rares en France. | = le séisme |

| mot français | dt. Bedeutung | phrase française | syn./ant. |
|---|---|---|---|
| **l'éruption [f]** | *Ausbruch, Eruption* | Presque chaque année, on enregistre des éruptions du volcan du Piton de la Fournaise sur l'ile de la Réunion. | |
| **l'avalanche [f]** | *Lawine* | L'avalanche a tué un groupe de skieurs. | |
| **ensevelir qn/qc** | *jdn./etw. verschütten, begraben* | Une avalanche a enseveli trois touristes. | = enterrer qn/qc |
| **dévaster qc** | *etw. verwüsten, vernichten* | L'avalanche a dévasté tout un village de montagne. | = détruire qc |
| **le dégât** | *Schaden, Verwüstung* | Les dégâts dûs à cette catastrophe sont importants. | |

## 5 *La ville et la campagne* – Stadt und Land

| mot français | dt. Bedeutung | phrase française | syn./ant. |
|---|---|---|---|
| **l'urbanisme [m]** | *Städtebau, Stadtplanung* | Il n'est pas le seul dans la commune à s'occuper de l'urbanisme. | |
| **le citadin, la citadine** | *Stadtbewohner*in* | Un vrai citadin ne pourrait jamais vivre à la campagne. | ≠ le campagnard, la campagnarde, le villageois, la villageoise, le rural, la rurale |
| **urbain, e** | *städtisch, Stadt-* | Le métro est un transport urbain. | = citadin, e ≠ rural, e |
| **rural, e** | *ländlich, Land-* | L'exode rural entraine la fermeture des commerces dans les villages. | ≠ urbain, e, citadin, e |

| mot français | dt. Bedeutung | phrase française | syn./ant. |
|---|---|---|---|
| **l'exode** [m] | *Abwanderung, Flucht* | Le nombre d'habitants de la région parisienne diminue : il semble qu'il y ait un exode urbain. | = la fuite |
| **se dépeupler** | *sich entvölkern* | En France, la campagne se dépeuple tout doucement. | |
| **peuplé, e** | *besiedelt, bevölkert* | La ville de Paris est très peuplée. | |
| **le campagnard, la campagnarde** | *Landbewohner*in* | Quelques Parisiens se moquent des campagnards. | = le rural, la rurale<br>≠ le citadin, la citadine |
| **le provincial, la provinciale** | *Provinzbewohner*in* | Les provinciaux qui visitent la ville de Paris la trouvent en général trop chère. | |
| **l'agglomération** [f] | *Ballungszentrum, Großraum* | Paris a environ deux millions d'habitants, toute l'agglomération parisienne plus de douze millions. | |
| **le banlieusard, la banlieusarde** | *Vorortbewohner*in* | Les banlieusards n'aiment souvent pas les « vrais » Parisiens. | |
| **la périphérie** | *Stadtrand, Außenbezirk* | Habiter la périphérie coute moins cher que dans le centre-ville. | = la banlieue<br>≠ le centre |
| **l'anonymat** [m] | *Anonymität* | Dans beaucoup de grandes villes françaises, on lutte contre l'anonymat grâce à la fête des voisins. | |
| **faire la navette** | *pendeln* | Il fait la navette entre son village et son lieu de travail. | |
| **le centre-ville** | *Innenstadt* | Je trouve que le centre-ville est trop bruyant pour y vivre. | = le centre-ville |

| mot français | dt. Bedeutung | phrase française | syn./ant. |
|---|---|---|---|
| **le quartier ouvrier** | *Arbeiterviertel* | Marc est né dans un quartier ouvrier. | = le quartier populaire |
| **le quartier résidentiel** | *Wohnviertel, Wohngebiet* | Ma sœur va déménager dans un joli quartier résidentiel. | |
| **le quartier historique** | *historisches, altes Viertel* | Le Quartier Latin est un quartier historique de Paris. | = le quartier ancien |
| **le quartier d'affaires** | *Geschäftsviertel* | La Défense est un quartier d'affaires connu dans le monde entier. | |
| **la zone industrielle** | *Industriegebiet* | L'entreprise se trouve dans la zone industrielle. | |
| **le boulevard** | *Allee, Boulevard* | Je me suis promené sur un grand boulevard. | |
| **l'avenue [f]** | *Prachtstraße, Avenue* | L'avenue des Champs-Élysées est connue dans le monde entier. | |
| **le (boulevard) périphérique** | *Pariser Stadtautobahn* | Je ne pourrais pas habiter près du périphérique : il y a trop de bruit. | = le périph [fam.] |
| **la ruelle** | *Gasse, Sträßchen* | Dans les vieilles villes, on trouve de jolies ruelles. | |
| **la rive droite** | *rechte Uferseite in Paris [Finanzen & Handel]* | À Paris, le centre des finances se trouve sur la rive droite. | |
| **la rive gauche** | *linke Uferseite in Paris [„intellektuelle" Seite]* | Sur la rive gauche, on trouve tous les cafés philosophiques. | |
| **la mairie** | *Rathaus* | Pratiquement toutes les personnes qui travaillent à la mairie sont des fonctionnaires. | = l'hôtel [m] de ville |

| mot français | dt. Bedeutung | phrase française | syn./ant. |
|---|---|---|---|
| **l'hypermarché** [m] | *großer Supermarkt, Einkaufszentrum* | Le lundi, ma mère va à l'hypermarché faire les courses de la semaine. | = la grande surface, le centre commercial |
| **la zone piétonne** | *Fußgängerzone* | Dans une zone piétonne, les voitures sont interdites. | = la zone piétonnière, l'espace [m] piétonnier |
| **l'espace** [m] **vert** | *Grünfläche* | Je voudrais qu'on crée plus d'espaces verts à Paris. | = le parc |
| **le gratte-ciel** | *Wolkenkratzer* | Aux États-Unis, il y a beaucoup de gratte-ciel. | = la tour |
| **aménager qc** | *etw. ausbauen, herrichten* | Mon oncle a aménagé une vieille maison de façon moderne. | |
| **démolir qc** | *etw. abreißen, zerstören* | Ils ont démoli 10 immeubles pour pouvoir construire une route nationale. | = détruire qc ≠ construire qc |
| **l'architecture** [f] | *Architektur* | Il n'aime pas l'architecture moderne. | |

## 6 La circulation – Verkehr

| mot français | dt. Bedeutung | phrase française | syn./ant. |
|---|---|---|---|
| **les transports** [m/pl] **en commun** | *öffentliche Verkehrsmittel* | Pendant les heures de pointe, je te conseille de te déplacer avec les transports en commun. | |
| **la ligne de métro** | *U-Bahn-Linie* | À Paris, il existe 16 lignes de métro. | |
| **se déplacer** | *sich (fort)bewegen* | En ville, se déplacer à vélo est souvent plus rapide qu'en voiture. | = avancer, changer de place, bouger ≠ rester sur place |

| mot français | dt. Bedeutung | phrase française | syn./ant. |
|---|---|---|---|
| **avancer** | *vorwärtskommen, vorankommen* | Il y a trop de circulation aujourd'hui – on n'avance pas ! | = se déplacer, changer de place, bouger ≠ reculer, s'arrêter |
| **la piste cyclable** | *(Fahr-)Radweg* | À Paris, le nombre des pistes cyclables est encore assez limité. | |
| **le réseau ferroviaire** | *Schienennetz* | Je trouve que le réseau ferroviaire français pourrait être meilleur. | |
| **l'aller simple** [m] | *einfache Fahrt* | Je déménage à Toulouse, donc je m'achète seulement un aller simple. | ≠ le billet aller-retour, l'aller-retour [m] |
| **l'aller-retour** [m] | *Hin- und Rückfahrkarte* | Je vais acheter un billet aller-retour parce que c'est moins cher que deux allers simples. | ≠ l'aller simple [m] |
| **composter qc** | *etw. entwerten* | Il faut composter le billet avant de monter dans le train. | |
| **le composteur** | *(Fahrschein-)Entwerter* | Le composteur est en panne. | |
| **le conducteur, la conductrice** | *Fahrer*in* | Il faut dire au conducteur du bus que l'homme assis au fond est ivre. | |
| **resquiller** [intr./fam.] | *ohne Fahrkarte fahren* | Les gens qui resquillent font augmenter le prix des billets. | |
| **le guichet** | *Schalter* | Les guichets ferment à cinq heures. | |
| **le distributeur (automatique)** | *Fahrkartenautomat* | J'achète toujours mes billets au distributeur automatique. | |

| mot français | dt. Bedeutung | phrase française | syn./ant. |
|---|---|---|---|
| **se presser** | *sich beeilen* | Tu peux venir sans te presser. Je ne suis pas encore prêt. | = se dépêcher, se hâter |
| **rater qc** | *etw. verpassen, versäumen* | Il a raté le train parce qu'il est arrivé en retard à la gare. | = manquer qc |
| **les bagages** [m/pl] | *Gepäck* | Pour les bagages, il y a un wagon spécial. | |
| **changer de train** | *umsteigen* | Pour aller de Paris à Marseille en TGV, il ne faut pas changer de train. | |
| **la correspondance** | *Anschluss(zug)* | Vous aurez une correspondance dans cinq minutes. | |
| **l'eurotunnel** [m] | *Eurotunnel, Kanaltunnel* | L'eurotunnel relie l'Angleterre et la France. | = le tunnel sous la Manche |
| **le ferry-boat** | *Fähre* | Il a pris le ferry-boat à Marseille. | |
| **embarquer (qn)** | *an Bord gehen, jdn. einschiffen* | Vous pouvez embarquer, le bateau est prêt. | ≠ débarquer (qn) |
| **débarquer (qn)** | *von Bord gehen, jdn. ausschiffen* | Tous les passagers ont débarqué à Ajaccio. | ≠ embarquer (qn) |
| **le signal de détresse** | *Notruf* | Le capitaine du paquebot a émis un signal de détresse. | |
| **la compagnie aérienne** | *Fluggesellschaft* | Air France est la compagnie aérienne la plus connue en France. | |
| **atterrir** [intr.] | *landen* | L'avion va atterrir à l'aéroport dans 20 minutes. | ≠ décoller [intr.] |
| **l'atterrissage** [m] | *Landung* | Après l'atterrissage, les gens ont applaudi. | ≠ le décollage |
| **décoller** [intr.] | *abheben, starten* | C'est une drôle de sensation quand l'avion décolle. | ≠ atterrir [intr.] |
| **le décollage** | *Abheben, Start* | L'enfant a pleuré pendant le décollage de l'avion. | ≠ l'atterrissage [m] |

| mot français | dt. Bedeutung | phrase française | syn./ant. |
|---|---|---|---|
| **l'hôtesse [f] (de l'air)** | *Stewardess, Flugbegleiterin* | Ma mère est hôtesse de l'air. | |
| **le steward** | *Steward, Flugbegleiter* | En général, il y a peu de stewards. | |
| **détourner un avion** | *ein Flugzeug entführen* | Le 11 septembre 2001, des terroristes ont détourné quatre avions. | |
| **le car** | *Reisebus* | Ils font un voyage en car à travers l'Autriche. | = l'autocar [m] |
| **le véhicule** | *(Kraft-)Fahrzeug* | Cette année, l'entreprise va produire un nouveau véhicule électrique. | |
| **le poids lourd** | *Lastkraftwagen, Lkw* | Tu peux enfin doubler ce poids lourd ? Ça fait 20 minutes qu'on le suit. | = le camion |
| **la caravane** | *Wohnwagen* | Mes parents ont vendu leur caravane. | |
| **le camping-car** | *Wohnmobil* | Ils veulent s'acheter un camping-car. | |
| **la voiture d'occasion** | *Gebrauchtwagen* | Je n'ai pas les moyens de m'acheter une voiture neuve, alors je vais prendre une voiture d'occasion. | ≠ la voiture neuve |
| **la voiture de location** | *Mietwagen, Leihwagen* | Ici, les voitures de location coutent très cher. | |
| **le covoiturage** | *Fahrgemeinschaft* | Mon père est une des trois personnes qui font du covoiturage pour aller au travail. | |
| **l'auto-école [f]** | *Fahrschule* | Depuis trois mois, ma fille passe deux soirées par semaine à l'auto-école. | |
| **le moniteur, la monitrice** | *Fahrlehrer*in* | Le moniteur apprend à conduire aux jeunes. | |

| mot français | dt. Bedeutung | phrase française | syn./ant. |
|---|---|---|---|
| **le permis de conduire** | *Führerschein* | À 18 ans, on peut passer le permis de conduire. | |
| **circuler** [intr.] | *fahren* | Pour éviter les embouteillages, je te conseille de ne pas circuler avant 10 heures du matin. | = rouler |
| **être au volant** | *am Steuer sitzen* | Il est toujours au volant bien qu'il ait déjà 90 ans. | = conduire, tenir le volant |
| **retirer qc à qn** | *jdm. etw. entziehen, wegnehmen* | La police a retiré son permis de conduire à Théo parce qu'il conduisait ivre. | |
| **l'essence** [f] | *Benzin, Sprit* | Il faut que je prenne de l'essence aujourd'hui. | |
| **le gazole** | *Diesel(kraftstoff)* | Mes parents roulent au gazole parce que c'est moins cher. | = le gas(-)oil, le diesel |
| **faire le plein** | *volltanken* | Tu vois le prix de l'essence ? Je fais le plein tout de suite. | |
| **sans plomb** | *bleifrei* | Il y a de l'essence sans plomb partout. | |
| **immatriculer qc** | *etw. zulassen* | La voiture de Catherine est immatriculée dans l'Aisne. | |
| **la mobylette** | *Mofa* | On ne peut pas rouler vite avec une mobylette. | = la mob [fam.] |
| **la moto** | *Motorrad* | Son voisin a cinq motos différentes. | = la moto [fam.] |
| **le, la motocycliste** | *Motorradfahrer*in* | Les pauvres motocyclistes ! Il fait très froid et il pleut ! | |
| **le scooter** | *(Motor-)Roller* | Tous mes amis ont un scooter sauf moi. | |
| **le casque** | *(Sturz-)Helm* | Mets ton casque quand tu fais du VTT ! | |
| **routier,-ère** | *Straßen-* | Le réseau routier dessert bien l'île. | |

| mot français | dt. Bedeutung | phrase française | syn./ant. |
|---|---|---|---|
| **la ceinture (de sécurité)** | *(Sicherheits-) Gurt* | Il est interdit de conduire sans avoir mis la ceinture de sécurité. | |
| **tomber en panne** | *eine Panne haben* | Sa voiture est tombée en panne trois fois durant les six derniers mois. | |
| **l'aire de repos [m]** | *Rastplatz, Raststätte* | Tu peux t'arrêter à l'aire de repos, s'il te plait ? Je voudrais boire un café. | = l'aire de service |
| **le péage** | *Autobahngebühr, Mautstelle* | Je trouve le péage trop cher. | |
| **la chaussée (déformée)** | *(unebene) Fahrbahn* | Mon père a eu un accident à cause d'une chaussée déformée. | |
| **la zone interdite à la circulation** | *verkehrsfreie Zone* | Heureusement que cette zone est interdite à la circulation. Ainsi, les enfants peuvent y jouer au foot. | |
| **écraser qn/qc** | *jdn./etw. überfahren* | Elle a toujours peur que son chat se fasse écraser. | |
| **ralentir (qc)** | *langsamer werden, (etw.) verlangsamen* | Il faut ralentir dans les rues à vitesse limitée. | = freiner<br>≠ accélérer (qc) |
| **accélérer (qc)** | *schneller werden, (etw.) beschleunigen* | Mon père a acheté une voiture qui accélère de 0 à 100 en sept secondes. | ≠ ralentir (qc), freiner, s'arrêter |
| **rouler au pas** | *Schritttempo fahren* | Roule au pas ! Tu ne vois pas les enfants qui jouent ? | = aller au pas |
| **freiner (qc)** | *(ab)bremsen* | Quand les feux passent au rouge, il faut freiner. | ≠ accélérer (qc) |
| **le parking couvert** | *Parkhaus* | Aujourd'hui, tous les parkings couverts sont pleins à cause de la fête foraine. | |

| mot français | dt. Bedeutung | phrase française | syn./ant. |
|---|---|---|---|
| **le parking souterrain** | *Tiefgarage* | Les parkings souterrains sont très pratiques. | |
| **l'horodateur** [m] | *Parkscheinautomat* | Il faut payer à l'horodateur avant de quitter le parking. | |
| **le parc(o)mètre** | *Parkuhr* | Quelle chance ! Le parcmètre ne fonctionne pas ! | |
| **stationner** [intr.] | *parken* | C'est interdit de stationner ici, mais tu gares ta voiture quand même ? | |
| **la contraventio n** | *gebührenpflichtige Verwarnung, Strafzettel* | Il a attrapé une contravention parce qu'il a roulé trop vite sur l'autoroute. | |
| **le passage pour piétons** | *Fußgängerüberweg, Zebrastreifen* | En France, les voitures ne s'arrêtent pas toujours aux passages pour piétons. | = le passage clouté |
| **le panneau** | *(Verkehrs-)Schild* | Pour descendre de Lyon à Marseille, il faut suivre le panneau « Autoroute du soleil ». | |
| **la limitation de vitesse** | *Geschwindigkeitsbegrenzung* | La limitation de vitesse en ville est de 50 km/h. | |
| **se faire prendre par le radar** | *geblitzt werden* | Jusqu'à présent, Luc ne s'est jamais fait prendre par le radar. | |
| **l'amende** [f] | *Geldbuße, Strafe* | Julie a eu une amende de 10 euros parce qu'elle s'est garée trop longtemps en zone bleue. | |
| **le contrevenant, la contrevenante** | *Verkehrssünder*in* | Le juge a condamné le contrevenant à six mois de prison. | |
| **l'alcootest** [m] | *Alkoholtest* | La policière fait passer un alcootest au conducteur parce qu'elle pense qu'il a bu. | = l'éthylotest [m] |

| mot français | dt. Bedeutung | phrase française | syn./ant. |
|---|---|---|---|
| **l'état [m] d'ivresse [f]** | *Trunkenheit* | Il a mis les autres en danger en conduisant en état d'ivresse. | |
| **le délit de fuite** | *Fahrerflucht* | Après l'accident, il a commis un délit de fuite. | |
| **le bouchon** | *(Verkehrs-)Stau* | À cinq heures, il y a toujours des bouchons. | = l'embouteillage [m] |
| **les heures [f/pl] de pointe** | *Hauptverkehrszeiten, Stoßzeiten* | J'évite de prendre la voiture aux heures de pointe. | |
| **le chantier** | *Baustelle* | J'en ai assez ! Depuis trois mois, il y a ce chantier dans notre rue. | |
| **se tromper de route** | *sich verfahren* | La ville est tellement grande que je me suis trompé de route quatre fois. | |
| **faire demi-tour** | *wenden, umkehren* | J'avais oublié mon argent, alors j'ai fait demi-tour. | |
| **le détour** | *Umweg* | Ne connaissant pas le chemin, nous avons fait un grand détour. | |
| **avoir la priorité** | *Vorfahrt haben* | Ralentis ! Tu n'as pas la priorité ! | ≠ respecter la priorité |
| **le rond-point** | *Kreisverkehr* | En France, il y a énormément de ronds-points. | = le (sens) giratoire |
| **la route nationale** | *[≈ Bundesstraße]* | Les routes nationales sont plus larges que les routes départementales. | |
| **la route départementale** | *[≈ Landstraße]* | Les routes départementales sont plus étroites que les routes nationales. | |

# *La société* – Gesellschaft

## 1 *La religion* – Religion

| mot français | dt. Bedeutung | phrase française | syn./ant. |
|---|---|---|---|
| **l'appartenance [f] à une confession** | *Religionszugehörigkeit* | Au Maroc, l'appartenance à la confession musulmane est très répandue. | = l'appartenance [f] à une religion |
| **la communauté religieuse** | *Religionsgemeinschaft* | Le prêtre vit dans sa communauté religieuse. | |
| **la liberté de religion** | *Religionsfreiheit* | En France, la liberté de religion existe depuis 1789. | |
| **les pratiques [f/pl] religieuses** | *religiöse Praktiken* | La prière est une pratique religieuse. | |
| **pratiquer** | *den Glauben praktizieren* | Peut-on être chrétien sans pratiquer? | |
| **croire à/en qn/qc** | *an jdn./etw. glauben* | Elle croit en Dieu. | |
| **le croyant, la croyante** | *Gläubige*r* | Beaucoup de croyants vont à l'église le dimanche. | = le, la fidèle<br>≠ l'athée [m/f] |
| **croyant, e** | *gläubig* | Ses parents sont croyants. | ≠ incroyant, e |
| **pieux, -se** | *fromm, gottesfürchtig* | Ma mère a toujours été une femme pieuse. | ≠ impie |
| **le, la fidèle** | *Gläubige*r, gläubiger Mensch* | Le prêtre parle aux fidèles. | = le croyant, la croyante<br>≠ l'athée [m/f] |
| **la foi** | *Glaube* | Parfois, je trouve difficile d'avoir la foi. | = la religion<br>≠ le doute, l'incroyance [f], l'athéisme [m] |
| **le dieu, la déesse** | *Gott, Göttin* | Il n'y a qu'un seul Dieu dans la religion chrétienne. | ≠ le diable, la diablesse |

| mot français | dt. Bedeutung | phrase française | syn./ant. |
|---|---|---|---|
| **divin, e** | *göttlich, Gottes-* | Les athées ne croient pas en un être divin. | ≠ profane |
| **se convertir (à qc)** | *(zu etw.) übertreten, konvertieren* | Il s'est converti au catholicisme. | |
| **la conversion** | *Übertritt, Konversion* | La conversion à l'islam est l'adoption des croyances musulmanes. | |
| **le christianisme** | *Christentum* | Le christianisme s'est installé après la mort de Jésus-Christ. | |
| **le catholicisme** | *Katholizismus* | Le pape est à la tête du catholicisme. | |
| **le chrétien, la chrétienne** | *Christ*in* | À Noël, les chrétiens fêtent la naissance du Christ. | |
| **l'apôtre** [m] | *Apostel* | Jésus-Christ avait 12 apôtres. | |
| **le saint, la sainte** | *Heilige*r* | St. Pierre a été le premier saint. | |
| **le protestant, la protestante** | *Protestant*in* | Les protestants suivent la doctrine de Martin Luther. | |
| **l'ecclésiastique** [m/f] | *Geistliche*r* | Un ecclésiastique est un membre du clergé. | |
| **le pape** | *Papst* | St. Pierre a été le premier pape. | |
| **l'évêque** [m] | *Bischof* | Un évêque dirige un diocèse. | |
| **le prêtre** | *Priester* | Le prêtre est une personne importante dans beaucoup de petits villages. | |
| **le curé** | *Pfarrer [katholisch]* | Le curé célèbre la messe catholique. | = le prêtre |
| **le, la pasteur** | *Pfarrer*in [protestantisch], Pastor*in* | Le pasteur célèbre le culte protestant. | = l'homme pasteur [m], la femme pasteur |

| mot français | dt. Bedeutung | phrase française | syn./ant. |
|---|---|---|---|
| **célébrer la messe** | *die Heilige Messe feiern* | Les chrétiens célèbrent la messe le dimanche matin. | |
| **prêcher (qc)** | *(etw.) predigen* | Le prêtre prêche tous les dimanches à l'église. | |
| **le sermon** | *Predigt [katholisch]* | Le sujet du sermon était le respect entre les peuples. | |
| **le prêche** | *Predigt [protestantisch]* | Le prêche était très intéressant ce dimanche : il a été question de la haine raciale. | |
| **l'abbaye** [f] | *Abtei* | Les moines vivent dans une abbaye. | |
| **l'abbé** [m] | *Abt* | L'abbé est le supérieur d'une abbaye. | |
| **le moine** | *Mönch* | Le moine renonce à une vie profane. | |
| **la religieuse** | *Nonne* | La religieuse se considère mariée avec Jésus. | = la nonne |
| **le monastère** | *Kloster [für Männer]* | Les moines vivent dans un monastère. | ≠ le couvent |
| **le couvent** | *Kloster [für Frauen]* | Les religieuses vivent dans un couvent. | ≠ le monastère |
| **baptiser qn** | *jdn. taufen* | On baptise l'enfant avec de l'eau bénite. | |
| **le baptême** | *Taufe* | Certains parents décident de faire le baptême après la naissance d'un bébé. | |
| **le péché** | *Sünde* | Tuer est un péché. | |
| **se confesser** | *beichten, die Beichte ablegen* | En se confessant, les catholiques avouent leurs fautes à un prêtre. | |
| **la confession** | *Beichte, Sündenbekenntnis* | La confession délivre des péchés. | |

| mot français | dt. Bedeutung | phrase française | syn./ant. |
|---|---|---|---|
| **l'âme** [f] | *Seele* | L'âme est immortelle. | ≠ le corps |
| **mourir** [intr.] | *sterben* | À la fin de la vie, nous mourons tous. | = décéder [intr.]<br>≠ naitre [intr.] |
| **mortel, le** | *sterblich* | Les êtres humains sont tous mortels. | ≠ immortel, le |
| **l'éternité** [f] | *Ewigkeit* | Les chrétiens croient à l'éternité de la vie. | ≠ la finitude |
| **Pâques** [f/pl] | *Ostern* | Pâques est la plus importante fête chrétienne. | |
| **la Pentecôte** | *Pfingsten* | À la Pentecôte, l'Esprit Saint est descendu sur les apôtres. | |
| **la Toussaint** | *Allerheiligen* | La Toussaint est célébrée le 1er novembre. | |
| **le pèlerinage** | *Wallfahrt, Pilgerreise* | Tous les ans, des millions de personnes vont en pèlerinage à la Mecque. | |
| **le pèlerin, la pèlerine** | *Pilger*in, Wallfahrer*in* | Les pèlerins se sont réunis à l'aube. | |
| **le judaïsme** | *Judentum* | Le judaïsme n'est pas très présent en France. | |
| **le Juif, la Juive** | *Jude/Jüdin* | Les Juifs sont fidèles au judaïsme. | |
| **le rabbin, la femme rabbin** | *Rabbiner*in* | Les Juifs n'ont pas de prêtre, mais un rabbin. | |
| **la synagogue** | *Synagoge* | Les Juifs vont à la synagogue. | |
| **l'islam** [m] | *Islam* | L'islam est une religion mondiale. | |
| **le musulman, la musulmane** | *Muslim*in* | Les musulmans pratiquent la religion de l'islam. | |

| mot français | dt. Bedeutung | phrase française | syn./ant. |
|---|---|---|---|
| **le foulard** | *Kopftuch, Halstuch* | Il est interdit dans les écoles françaises de porter le foulard. | |
| **le voile** | *Schleier* | Il y a des différents types de voile : le hijab, la burqa, le tchador et le niqab. | |
| **le signe religieux** | *religiöses Zeichen* | La croix des catholiques est un signe religieux. | |
| **ostensible** | *öffentlich sichtbar* | En France, on n'a pas le droit de porter des signes religieux ostensibles. | ≠ caché, e, secret, -ète |
| **la mosquée** | *Moschee* | Les musulmans pratiquent leur religion à la mosquée. | |
| **jeûner** [intr.] | *fasten* | « Déjeuner » veut dire : « arrêter de jeûner ». | ≠ manger (qc) |
| **le Coran** | *Koran* | Le Coran est le livre sacré des musulmans. | |
| **l'hindouisme** [m] | *Hinduismus* | L'hindouisme se pratique surtout en Inde. | |
| **l'hindou** [m], **l'hindoue** [f] | *Hinduist*in* | Un hindou pratique l'hindouisme. | |
| **le bouddhisme** | *Buddhismus* | Le bouddhisme est une religion très ouverte. | |
| **le, la bouddhiste** | *Buddhist*in* | Un bouddhiste pratique le bouddhisme. | |
| **la laïcité** | *Bekenntnisneutralität* | La laïcité est inscrite dans la Constitution française. | ≠ la religion |
| **laïc, laïque** | *bekenntnisneutral* | La France est un pays laïc. | ≠ religieux, -se |
| **la séparation de l'Église et de l'État** | *Trennung von Kirche und Staat* | La séparation de l'Église et de l'État en France est réglée par la loi de 1905. | |
| **l'enseignement** [m] **religieux** | *Religionsunterricht* | En France, l'enseignement religieux existe seulement dans les écoles privées. | |

| mot français | dt. Bedeutung | phrase française | syn./ant. |
|---|---|---|---|
| **superstitieux, -se** | *abergläubisch* | Ma mère est superstitieuse : elle a peur du vendredi 13. | |
| **l'athéisme** [m] | *Atheismus* | L'athéisme est-il une croyance ? | = l'incroyance [f]<br>≠ la religion, la foi |
| **l'athée** [m/f] | *Atheist*in* | Les athées ne croient pas en Dieu. | ≠ le croyant, la croyante, le, la fidèle |
| **douter de qn/qc** | *an jdm./etw. zweifeln* | Parfois, elle doute de la force de sa foi. | = se méfier de qn/qc |
| **douter que + *subj.*** | *(daran) zweifeln, dass* | Je doute que tu aies raison. | |
| **blasphémer** | *sich gotteslästernd verhalten* | Certains considèrent que se moquer des religions, c'est blasphémer. | |
| **le blasphème** | *Gotteslästerung* | Parler mal de Dieu est un blasphème. | |
| **la secte** | *Sekte* | Beaucoup de sectes ne s'intéressent qu'à l'argent de leurs membres. | |
| **le rite** | *religiöser Brauch, Ritus* | Il n'y a pas de religion sans rites. | |

## 2 *L'immigration* – Einwanderung

| mot français | dt. Bedeutung | phrase française | syn./ant. |
|---|---|---|---|
| **l'immigration** [f] | *Einwanderung, Immigration* | Le gouvernement français lutte contre l'immigration clandestine. | ≠ l'émigration [f] |
| **l'immigré** [m], **l'immigrée** [f] | *Einwanderer/Einwanderin, Immigrant*in* | Quelques immigrés ont des problèmes d'intégration. | ≠ l'émigré [m], l'émigrée [f] |

| mot français | dt. Bedeutung | phrase française | syn./ant. |
|---|---|---|---|
| **immigrer** | *einwandern* | La France et l'Allemagne sont des pays populaires pour immigrer. | ≠ émigrer |
| **le pays d'immigration** | *Einwanderungsland* | La France est un pays d'immigration. | ≠ le pays d'origine/natal |
| **la vague d'immigration** | *Einwanderungswelle* | Une grande vague d'immigration a eu lieu dans les années 1950 et 1960. | |
| **l'émigration** [f] | *Auswanderung, Abwanderung* | L'émigration veut dire qu'on quitte un pays à jamais. | ≠ l'immigration [f] |
| **l'émigré** [m], **l'émigrée** [f] | *Auswanderer/ Auswanderin* | Les émigrés quittent leur pays pour un autre. | ≠ l'immigré [m], l'immigrée [f] |
| **émigrer** | *auswandern* | Elle a décidé d'émigrer vers un pays où le climat est plus doux qu'en France. | ≠ immigrer |
| **s'expatrier** | *auswandern, sein Heimatland verlassen* | Ayant des problèmes dans son pays, il s'est expatrié. | = émigrer ≠ immigrer |
| **le, la migrant, e** | *Migrant*in* | Il existe plusieurs organisations bénévoles qui sauvent des migrants en Méditerranée. | |
| **la diversité** | *Vielfalt* | Beaucoup de gens pensent que la diversité est un avantage qu'apporte l'immigration. | ≠ l'uniformité [f] |
| **le stéréotype** | *Klischee, Stereotyp* | Le stéréotype allemand est un homme gros qui boit de la bière. | = le cliché, l'idée [f] reçue |
| **l'indifférence** [f] | *Gleichgültigkeit, Teilnahmslosigkeit* | Il n'éprouvait que de l'indifférence pour le criminel. | ≠ la curiosité, l'intérêt [m] |

| mot français | dt. Bedeutung | phrase française | syn./ant. |
|---|---|---|---|
| **indifférent, e** | *gleichgültig, teilnahmslos* | Personne ne peut être indifférent au sort des enfants migrants. | ≠ curieux, -se, intéressé, e |
| **l'attitude [f] (envers qn/qc)** | *Haltung (gegenüber jdm./etw.)* | Son attitude envers les adultes est insupportable. | |
| **considérer qn/qc comme** | *jdn./etw. betrachten als* | J'ai toujours considéré ma mère comme une amie. | |
| **le bouc émissaire** | *Sündenbock* | Souvent, les étrangers sont considérés comme des boucs émissaires. | |
| **l'inégalité [f]** | *Ungleichheit* | Il existe toujours des inégalités entre les hommes et les femmes. | ≠ l'égalité [f] |
| **ethnique** | *ethnisch, Volks-* | Les Algériens sont une minorité ethnique en France. | |
| **le réfugié, la réfugiée** | *Flüchtling, Geflüchtete*r, Vertriebene*r* | Certains réfugiés sont venus en France. | |
| **attirer l'attention [f] de qn (sur qn/qc)** | *jdn. (auf jdn./etw.) aufmerksam machen* | Il a voulu attirer l'attention des politiques pour qu'ils améliorent la situation des réfugiés. | |
| **persécuter qn** | *jdn. verfolgen, belästigen* | Dans certains pays, des gens sont persécutés pour leur religion. | = poursuivre qn |
| **renvoyer qn** | *jdn. abschieben* | Le réfugié a été renvoyé dans son pays. | = expulser qn ≠ accueillir qn |
| **expulser qn** | *jdn. ausweisen, vertreiben* | Les réfugiés ont été expulsés. | = renvoyer qn ≠ accueillir qn |
| **rejeter qn/qc** | *etw./jdn. ablehnen, zurückweisen* | Sa demande d'asile a été rejetée. | = refuser qc |

| mot français | dt. Bedeutung | phrase française | syn./ant. |
|---|---|---|---|
| **rapatrier qn** | *jdn. in seine Heimat zurückbringen* | Après la guerre d'Algérie, les Français ont été rapatriés en France. | |
| **le rapatriement** | *Rückführung* | Le rapatriement des soldats après la guerre a réjoui leurs femmes. | |
| **accueillir qn** | *jdn. aufnehmen, empfangen* | Il a accueilli chaleureusement ses invités. | ≠ expulser qn, renvoyer qn |
| **le pays d'accueil** | *Gastland* | Les réfugiés cherchent un pays d'accueil. | |
| **la coutume** | *Sitte, Brauch* | C'est une coutume française de manger la galette des rois le 6 janvier. | = l'habitude [f] |
| **s'accoutumer à qc** | *sich an etw. gewöhnen* | Il a eu des problèmes à s'accoutumer au climat tropical. | = s'habituer à qc |
| **s'identifier à qn/qc** | *sich mit jdm./etw. identifizieren* | Beaucoup de jeunes filles s'identifient à des actrices ou des chanteuses. | |
| **le ressortissant, la ressortissante** | *Staatsangehörige*r* | Elle s'est mariée avec un ressortissant français. | |
| **la naturalisation** | *Einbürgerung* | La naturalisation n'est pas toujours facile. | |
| **se faire naturaliser** | *die Staatsbürgerschaft erhalten, sich einbürgern lassen* | Après avoir vécu pendant 20 ans en France, Mohamed s'est fait naturaliser français. | = obtenir la nationalité ≠ abandonner sa nationalité |
| **avoir la double nationalité** | *die doppelte Staatsbürgerschaft besitzen* | Une fille de ma classe a la double nationalité : française et allemande. | |
| **le demandeur d'asile, la demandeuse d'asile** | *Asylbewerber*in* | L'État a renvoyé les demandeurs d'asile dans leur pays. | |

| mot français | dt. Bedeutung | phrase française | syn./ant. |
|---|---|---|---|
| **l'asile [m] politique** | *politisches Asyl* | L'État a donné l'asile politique au réfugié. | |
| **bénéficier de qc** | *von etw. profitieren, etw. genießen* | Quand on peut bénéficier du droit d'asile, on peut se juger heureux. | = profiter de qc |
| **donner l'asile à qn** | *jdm. Asyl gewähren* | L'État ne donne pas facilement l'asile aux étrangers. | |
| **à durée (il)limitée** | *(un)befristet* | L'État lui a accordé un droit d'asile à durée limitée. | |
| **le pays d'origine** | *Herkunftsland* | Les pays d'origine des demandeurs d'asile sont souvent en guerre. | = le pays natal ≠ le pays d'immigration |
| **être d'origine + *adj.*** | *stammen aus* | L'écrivain Tahar Ben Jelloun est d'origine marocaine. | = être issu, e de, être originaire de, (pro)venir de |
| **le regroupement familial** | *Familienzusammenführung* | On a accepté beaucoup d'immigrés pour des raisons de regroupement familial. | |
| **s'adapter (à qc)** | *sich (an etw.) anpassen, sich (auf etw.) einstellen* | Les immigrés doivent s'adapter aux coutumes françaises. | = s'assimiler (à qc) |
| **l'assimilation [f]** | *Angleichung, Anpassung(sprozess)* | L'assimilation n'a pas été facile. | = l'acculturation [f] |
| **multiculturel, le** | *multikulturell* | Dans la banlieue parisienne, on trouve une société multiculturelle. | = pluriculturel, le |
| **cosmopolite** | *weltbürgerlich, international* | J'adore passer mes vacances dans une ville cosmopolite. | |
| **maghrébin, e** | *maghrebinisch, Maghreb-* | La Tunisie est un des pays maghrébins. | |

| mot français | dt. Bedeutung | phrase française | syn./ant. |
|---|---|---|---|
| **le Marocain, la Marocaine** | *Marokkaner*in* | Ma meilleure copine est Marocaine. | |
| **le Tunisien, la Tunisienne** | *Tunesier*in* | Les Tunisiens se sont beaucoup battus pour la démocratie. | |
| **le, la pied-noir** | *Algerienfranzose/ Algerienfranzösin* | On a rapatrié les pieds-noirs pour qu'ils ne soient pas tués par les Algériens. | |
| **le Français, la Française de souche** | *alteingesessener Franzose/alteingesessene Französin* | Les racistes n'acceptent que les Français de souche. | |
| **le permis de séjour** | *Aufenthaltserlaubnis* | Un Allemand a le droit de vivre en France sans permis de séjour. | = le titre de séjour, la carte de séjour |
| **résider** [intr.] | *wohnen, seinen ständigen Wohnsitz haben* | Mon frère réside en France depuis 10 ans. | = habiter [intr.], loger, vivre [intr.] |
| **le permis de travail** | *Arbeitserlaubnis* | Il n'a pas de permis de travail. | |
| **le travailleur immigré, la travailleuse immigrée** | *Gastarbeiter*in* | En France, les Portugais font partie des travailleurs immigrés. | |
| **les sans-papiers** [m/pl] | *illegale Einwanderer/Einwanderinnen* | Les sans-papiers peuvent être expulsés. | |
| **clandestin, e** | *illegal, heimlich* | Les travailleurs clandestins ont peur d'être renvoyés dans leur pays. | = illégal, e ≠ légal, e |
| **la discrimination** | *Ungleichbehandlung, Diskriminierung* | Il faut lutter contre la discrimination des minorités. | |
| **le racisme** | *Rassenhass, Rassismus* | Il faut lutter contre le racisme. | = la xénophobie |

| mot français | dt. Bedeutung | phrase française | syn./ant. |
|---|---|---|---|
| **le, la raciste** | *Rassist*in* | Les racistes détestent les étrangers. | = le, la xénophobe |
| **la xénophobie** | *Fremdenhass, Ausländerfeindlichkeit* | La lutte contre la xénophobie est un devoir important de la politique. | = le racisme |
| **xénophobe** | *ausländer-, fremdenfeindlich* | On peut qualifier Jean-Marie Le Pen de xénophobe. | = raciste |
| **haïr qn/qc** | *jdn./etw. hassen* | Les immigrés haïssent les racistes. | = détester qn/qc<br>≠ aimer qn/qc |
| **la haine (raciale)** | *(Rassen-)Hass* | Il a éprouvé de la haine contre son ennemi. | ≠ l'amour |
| **insulter qn** | *jdn. beleidigen, beschimpfen* | Il n'arrête pas de m'insulter. | = injurier qn, offenser qn |
| **mépriser qn** | *jdn. verachten, gering schätzen* | Arrête de mépriser tes parents. | ≠ apprécier qn, respecter qn |
| **le mépris** | *Verachtung, Geringschätzung* | Elle éprouvait du mépris pour son professeur. | ≠ le respect |
| **la couleur de la peau** | *Hautfarbe* | La couleur de la peau ne dit rien sur le caractère d'une personne. | |
| **s'intégrer (dans/à qc)** | *sich in etw. eingliedern, integrieren* | Les immigrants essayent de s'intégrer. | = s'insérer dans qc<br>≠ se marginaliser |
| **l'intégration [f]** | *Eingliederung, Integration* | L'intégration n'est pas encore réussie. | = l'insertion [f] |
| **s'insérer (dans qc)** | *sich in etw. eingliedern, einfügen* | Je trouve important que les immigrés s'insèrent dans la société. | = s'intégrer (dans/à qc)<br>≠ se marginaliser |
| **l'insertion [f]** | *Eingliederung, Einfügung, Integration* | Son insertion sociale s'est très bien passée. | = l'intégration [f] |

## 3 Les problèmes sociaux – Gesellschaftsprobleme

| mot français | dt. Bedeutung | phrase française | syn./ant. |
|---|---|---|---|
| loger (qn) | *jdn. unterbringen, wohnen* | Les associations humanitaires font des efforts pour loger les sans-abri. | |
| le logement | *Wohnung Unterkunft* | Elle n'a pas de logement, donc elle vit dans la rue. | = l'appartement [f] |
| le bidonville | *Wellblechhütten(siedlung), Elendsviertel* | Seuls les plus pauvres vivent dans des bidonvilles. | = le taudis |
| délabré, e | *verfallen, baufällig* | Ce bâtiment est très vieux et délabré. | |
| rénover qc | *etw. renovieren* | Il faut rénover cet appartement. | |
| le, la sans-abri | *Obdachlose*r* | Un sans-abri n'a pas de logement. | |
| le, la sans-logis | | Un sans-logis vit sur le pavé. | |
| le, la SDF | | Beaucoup de SDF vivent dans des conditions intolérables. | = **s**ans **d**omicile **f**ixe |
| mendier (qc) | *(um etw.) betteln* | Ce SDF mendie tous les dimanches devant notre église. | = faire la manche [fam.] |
| le mendiant, la mendiante | *Bettler*in* | En France, on voit plus de mendiants qu'en Allemagne. | |
| être sur le pavé [fam.] | *auf der Straße sein* | Après avoir perdu son travail, il était sur le pavé. | = être sans-abri/sans-logis/SDF |
| l'aide [f] sociale | *Sozialhilfe* | Personne n'aime dépendre de l'aide sociale. | |
| le, la bénéficiaire de l'aide sociale | *Sozialhilfeempfänger*in* | Ce clochard ne veut pas être bénéficiaire de l'aide sociale et préfère être SDF. | |

| mot français | dt. Bedeutung | phrase française | syn./ant. |
|---|---|---|---|
| **prendre qn/qc en charge** | *für jdn. sorgen, etw. übernehmen* | Les soins sont pris en charge par la Sécurité sociale. | = s'occuper de qn/qc |
| **se marginaliser** | *(aus der bürgerlichen Gesellschaft) aussteigen* | Quand les gens perdent leur travail, ils se marginalisent souvent. | ≠ s'intégrer dans/à qc, s'insérer dans qc |
| **le marginal, la marginale** | *Aussteiger*in, Außenseiter*in* | La plupart des SDF deviennent des marginaux. | |
| **la précarité** | *unsichere Verhältnisse, Unsicherheit* | La précarité de l'emploi est devenue un problème grave en France. | = la fragilité [f], l'instabilité [f] |
| **précaire** | *unsicher, ungewiss* | Actuellement, la situation sur le marché du travail est précaire. | = incertain, e<br>≠ sûr, e |
| **la sécurité** | *Sicherheit* | On améliore sans cesse la sécurité des voitures. | ≠ l'insécurité [f] |
| **être sans ressources [f/pl]** | *ohne Einkommen, mittellos sein* | Tu es sans ressources ? Demande l'aide sociale. | |
| **se plaindre (de qn/qc)** | *klagen, sich über jdn./etw. beklagen* | Il n'a pas à se plaindre : il gagne plus que la plupart de ses collègues. | = se lamenter (sur qn/qc) |
| **le demandeur d'emploi, la demandeuse d'emploi** | *Arbeitssuchende*r* | Les demandeurs d'emploi cherchent du travail à Pôle Emploi (= *französische Arbeitsagentur*). | |
| **les allocations [f/pl] de chômage** | *Arbeitslosengeld* | Un chômeur touche des allocations de chômage. | |
| **l'espérance [f] de vie** | *Lebenserwartung* | L'espérance de vie des Français est supérieure à celle des Allemands. | |
| **la tranche d'âge** | *Altersstufe* | Elle gagnera plus dès qu'elle aura atteint la prochaine tranche d'âge. | |

| mot français | dt. Bedeutung | phrase française | syn./ant. |
|---|---|---|---|
| **la couche sociale** | *Gesellschafts-schicht* | Il est issu d'une couche sociale très basse. | |
| **le troisième âge** | *Rentenalter* | D'après mes parents, le troisième âge devrait commencer plus tôt. | |
| **le retraité, la retraitée** | *Rentner*in, Pensionär*in* | Mes grands-parents sont des retraités depuis longtemps. | |
| **être à la retraite** | *im Ruhestand, in Rente sein* | Mon père est déjà à la retraite. | |
| **la maison de retraite** | *Altersheim, Seniorenheim* | Mes grands-parents n'accepteront pas de vivre dans une maison de retraite. | |
| **les soins** [m/pl] **(à domicile)** | *(häusliche) Pflege* | Julie s'occupe des soins à domicile de ses parents. | |
| **le, la bénévole** | *Ehrenamtliche*r* | Grâce aux bénévoles, on peut aider les pauvres. | |
| **le bénévolat** | *ehrenamtliche Tätigkeit, Ehrenamt* | En parlant de son bénévolat aux Restos du Cœur, elle a pu obtenir le poste. | |
| **volontaire** | *freiwillig* | Son travail avec les SDF dans la rue est volontaire. | ≠ rémunéré, e |
| **la pauvreté** | *Armut* | Il y a de plus en plus de retraités qui vivent dans la pauvreté. | = la misère, la détresse ≠ la richesse |
| **appauvri, e** | *verarmt* | Autrefois, il était riche, aujourd'hui, il fait partie des gens appauvris. | ≠ enrichi, e |
| **la paupérisation** | *Verarmung* | Il faut prendre la paupérisation des personnes âgées au sérieux. | |
| **la détresse** | *Not, Elend* | Ce SDF vit dans la détresse. | = la misère, la pauvreté ≠ la richesse |

| mot français | dt. Bedeutung | phrase française | syn./ant. |
|---|---|---|---|
| **défavorisé, e** | *benachteiligt, schlechter gestellt* | Il se sent toujours défavorisé par rapport à son voisin. | ≠ favorisé, e |
| **être privé, e de qc** | *etw. entbehren müssen* | Depuis que Luc n'a plus de travail, il est privé des soirées avec ses collègues. | = manquer de qc |
| **trainer** [intr./fam.] | *sich herumtreiben, herumlungern* | Les jeunes de notre quartier trainent souvent dans la rue. | |
| **exclure qn** | *jdn. ausschließen* | La société a tendance à exclure les clochards. | ≠ intégrer qn |
| **le minimum vital** | *Existenzminimum* | Étant SDF, elle doit vivre au-dessous du minimum vital. | |
| **souffrir (de qc)** | *(an etw.) leiden* | Il souffre d'une grave maladie. | |
| **la souffrance** | *Leiden* | Sa vie a toujours été marquée par une grande souffrance. | |
| **l'angoisse** [f] | *Angst* | Il a appris comment lutter contre son angoisse. | = la peur |
| **le désespoir** | *Verzweiflung* | Le désespoir l'a envahi après la mort de sa femme. | ≠ l'espoir [m] |
| **le, la nouveau riche** | *Neureiche*r* | En Russie, il y a beaucoup de nouveaux riches. | |
| **la richesse** | *Reichtum, Wohlstand* | Tout le monde préfère vivre dans la richesse. | ≠ la pauvreté, la misère, la détresse |
| **le luxe** | *Luxus* | Les gens riches apprécient souvent les produits de luxe. | |
| **l'injustice** [f] **(sociale)** | *(soziale) Ungerechtigkeit* | Il faut lutter contre l'injustice sociale croissante. | |

| mot français | dt. Bedeutung | phrase française | syn./ant. |
|---|---|---|---|
| **la société de consommation** | *Konsumgesellschaft* | Depuis les années 1950, la France est une société de consommation. | |
| **l'ascension [f] sociale** | *sozialer Aufstieg* | Sarkozy a fait une ascension sociale remarquable. | ≠ la régression sociale |
| **la régression sociale** | *sozialer Abstieg* | À cause du chômage, Luc a vécu une régression sociale. | ≠ l'ascension [f] sociale |
| **la protection sociale** | *soziale Absicherung* | Posséder de l'immobilier est une protection sociale. | |
| **humilier qn** | *jdn. demütigen, erniedrigen* | Le prof a humilié l'élève devant toute la classe. | |
| **l'humiliation [f]** | *Demütigung, Erniedrigung* | L'humiliation est une sorte d'agression. | |
| **la dignité** | *Würde* | La dignité de chaque personne est une valeur très importante. | ≠ l'indignité [f] |
| **digne** | *würdig* | Cet homme politique est un digne représentant de l'Assemblée nationale. | ≠ indigne |
| **la pudeur** | *Scham(gefühl)* | Elle cache ses jambes par pudeur. | = la honte |
| **avoir honte (de qn/qc)** | *sich (für jdn./etw.) schämen* | Il a honte de sa taille. | |
| **avoir pitié [f] (de qn)** | *(mit jdm.) Mitleid haben* | J'ai pitié des enfants battus. | |
| **le cercle vicieux** | *Teufelskreis* | Il ne réussit pas à sortir de ce cercle vicieux. | |
| **être touché, e (de/par qc)** | *(von etw.) betroffen sein* | De plus en plus de jeunes sont touchés par le chômage. | = être concerné, e (par qc) |
| **faire partie de qc** | *zu etw. gehören, etw. angehören* | Il a décidé de faire partie d'une organisation humanitaire. | |

| mot français | dt. Bedeutung | phrase française | syn./ant. |
|---|---|---|---|
| **la fondation** | *Stiftung* | La fondation fait beaucoup de dons aux plus pauvres. | |
| **le don** | *Spende* | À Noël, les gens font souvent des dons. | |
| **la délinquance (juvénile)** | *(Jugend-) Kriminalität* | La délinquance est plus élevée dans la banlieue que dans le centre-ville. | = la criminalité (juvénile) |
| **l'incompréhension** [f] | *Unverständnis* | Cet acteur souffre de l'incompréhension du public. | ≠ la compréhension |
| **bruler qc** | *etw. anzünden, verbrennen* | Lors des émeutes parisiennes en 2005, on a brulé énormément de voitures. | = incendier qc |
| **incendier qc** | *etw. anzünden, in Brand stecken* | Le nombre des voitures incendiées augmente. | = bruler qc |
| **violer qn** | *jdn. vergewaltigen* | Une femme qui a été violée s'est adressée à la police. | |
| **le viol** | *Vergewaltigung* | Il est accusé de viol. | |
| **l'affrontement** [m] | *Zusammenstoß* | Mon père m'a parlé des affrontements entre la police et les manifestants. | |
| **l'état** [m] **d'urgence** | *Ausnahmezustand* | Le président a déclaré l'état d'urgence dans les banlieues. | |
| **le plan Vigipirate** | *[frz. Sicherheitsmaßnahme zum Schutz gegen Terrorismus]* | Le plan Vigipirate a été introduit en 1978 pour lutter contre le terrorisme en France. | |
| **résister à l'autorité publique** | *Widerstand gegen die Staatsgewalt leisten* | Les jeunes banlieusards ont résisté à l'autorité publique. | |
| **assassiner qn** | *jdn. ermorden, umbringen* | Kennedy a été assassiné en 1963. | = tuer qn, exécuter qn |
| **l'assassin** [m], **l'assassine** [m] | *Mörder*in* | L'assassin est toujours recherché par la police. | = le meurtrier, la meurtrière |

| mot français | dt. Bedeutung | phrase française | syn./ant. |
|---|---|---|---|
| **tirer (sur qn/qc)** | *(auf jdn./etw.) schießen* | Le criminel a tiré sur le policier. | |
| **agresser qn** | *jdn. angreifen, überfallen* | Elle s'est fait agresser par un criminel en pleine rue. | = attaquer qn |
| **l'attaque** [f] | *Angriff, Überfall* | Une attaque à main armée a rendu la jeune fille dépressive. | = l'agression [f]<br>≠ la défense |
| **se défendre** | *sich verteidigen, wehren* | Un judoka sait comment se défendre. | ≠ attaquer qn |
| **l'alcoolisme** [m] | *Alkoholismus* | L'alcoolisme se voit de plus en plus chez les jeunes. | |
| **l'abus** [m] | *Missbrauch* | L'abus de l'alcool est dangereux. | |
| **la biture express** | *Komasaufen* | La « biture express » est à la mode chez les jeunes. | |
| **s'enivrer** | *sich betrinken* | De plus en plus de jeunes s'enivrent régulièrement. | = se souler [fam.] |
| **ivre** | *betrunken* | Il était ivre après la fête de Noël. | = soul, e [fam.], bourré, e [fam.] |
| **se droguer** | *Drogen nehmen* | Il se drogue depuis 10 ans, il est temps d'arrêter. | = prendre des drogues [f/pl] |
| **la dépendance** | *Abhängigkeit* | La dépendance au tabac peut causer de graves problèmes de santé. | = l'addiction [f]<br>≠ l'indépendance [f] |
| **toxicomane** | *drogenabhängig, drogensüchtig* | Les jeunes toxicomanes trainent souvent dans les gares. | = drogué, e<br>≠ clean |
| **le drogué, la droguée** | *Drogensüchtige*r* | La droguée est morte d'une overdose. | = le, la toxicomane |
| **être en manque** | *auf Entzug sein* | La jeune fille ne va pas bien : elle est en manque depuis une semaine. | |
| **la volonté** | *Wille, Wunsch* | Il faut avoir de la volonté pour arrêter de se droguer. | |

| mot français | dt. Bedeutung | phrase française | syn./ant. |
|---|---|---|---|
| **la réinsertion** | *Wiedereingliederung, Resozialisierung* | La réinsertion dans la société ne se fait pas d'un jour à l'autre. | |
| **l'assistant** [m] **social, l'assistante** [f] **sociale** | *Sozialarbeiter*in* | Sans l'aide de l'assistante sociale, le drogué n'aurait pas réussi à s'en sortir. | |
| **vigilant, e** | *wachsam, umsichtig* | Les policiers sont vigilants dans ce quartier difficile. | = attentif, -ve |
| **la vigilance** | *Wachsamkeit* | Le professeur surveille ses élèves avec vigilance. | = l'attention [f] |

# L'histoire – Geschichte

## 1 L'histoire jusqu'à la Révolution française – Geschichte bis zur Französischen Revolution

| mot français | dt. Bedeutung | phrase française | syn./ant. |
|---|---|---|---|
| **l'époque** [f] | *Zeit(alter), Epoche* | L'époque révolutionnaire a été importante pour la démocratie. | = l'ère [f] |
| **l'ère (chrétienne)** [f] | *(christliche) Epoche, Ära* | L'ère chrétienne commence à la naissance de Jésus-Christ. | = l'époque [f] |
| **l'évènement** [m] **historique** | *historisches Ereignis* | La prise de la Bastille est un évènement historique important. | |
| **la préhistoire** | *Vorgeschichte, Urgeschichte* | Les dinosaures vivaient pendant la préhistoire. | |
| **l'ancêtre** [m/f] | *Vorfahr*in, Ahn*in* | Les ancêtres des Gaulois sont les Celtes. | = l'aïeul [m/f] |
| **les vestiges** [m/pl] | *Spuren, (Über-)Reste* | En Provence, on trouve beaucoup de vestiges romains. | = les traces [f/pl] |
| **la tribu** | *(Volks-)Stamm* | La tribu a fêté la victoire. | |
| **le, la Celte** | *Kelte/Keltin* | Chez les Celtes, les druides avaient beaucoup d'influence. | |
| **la civilisation** | *Zivilisation, Kultur* | La civilisation romaine s'est répandue dans toutes les provinces. | |
| **l'Antiquité** [f] **(gréco-romaine)** | *(griechisch-römische) Antike* | Dans l'Antiquité, il était normal d'avoir des esclaves. | |

| mot français | dt. Bedeutung | phrase française | syn./ant. |
|---|---|---|---|
| **le Romain, la Romaine** | *Römer*in* | Les Romains ont conquis énormément de pays. | |
| **l'empereur** [m], **l'impératrice** [f] | *Kaiser*in* | Auguste a été le premier empereur romain. | |
| **l'empire** [m] | *Reich, Imperium* | L'empire romain était gigantesque. | |
| **le Saint Empire (romain germanique)** | *das Heilige Römische Reich (Deutscher Nation)* | La plupart des historiens pensent que le Saint Empire romain germanique a été fondé en 962. | |
| **le déclin** | *Niedergang, Verfall* | Les Romains ont longtemps essayé d'éviter le déclin de leur empire. | = la chute |
| **la Gaule** | *Gallien* | La France a succédé à la Gaule. | |
| **le Gaulois, la Gauloise** | *Gallier*in* | Les Gaulois étaient les habitants de la Gaule. | |
| **le Franc, la Franque** | *Franke/Fränkin* | Les Francs sont les ancêtres des Français. | |
| **Charlemagne** | *Karl der Große* | Charlemagne a été couronné empereur en 800. | |
| **le Germain, la Germaine** | *Germane/Germanin* | Les Germains sont les ancêtres des Allemands. | |
| **le guerrier, la guerrière** | *Krieger*in* | Chez les Germains, les guerriers étaient très cruels. | |
| **l'invasion** [f] | *Eindringen, Einfall* | L'invasion de l'Angleterre par Guillaume le Conquérant a eu lieu en 1066. | |
| **l'envahisseur** [m], **l'envahisseuse** [f] | *Eindringling, Besatzer*in* | Les troupes ont réussi à repousser l'envahisseur. | |

| mot français | dt. Bedeutung | phrase française | syn./ant. |
|---|---|---|---|
| **envahir qc** | *in etw. eindringen [militärisch]* | Louis XIV a envahi la Flandre wallonne sans déclaration de guerre. | ≠ se retirer de qc |
| **occuper qc** | *etw. besetzen* | Entre 58 et 50 avant Jésus-Christ, les Romains ont occupé la Gaule. | ≠ libérer qc |
| **assiéger qc** | *etw. belagern* | Les envahisseurs assiègent la ville depuis 48 jours. | |
| **le siège** | *Belagerung* | La ville est restée en état de siège pendant un mois. | |
| **opprimer qn** | *jdn. unterdrücken* | Les Romains ont opprimé les esclaves en ne leur accordant aucun droit. | ≠ libérer qn |
| **l'oppression** [f] | *Unterdrückung* | L'oppression d'un peuple mène souvent à une révolte. | ≠ la liberté |
| **déclencher qc** | *etw. auslösen, in Gang bringen* | La défenestration de Prague a déclenché la Guerre de Trente Ans. | = entrainer qc, provoquer qc |
| **soumettre qn/qc** | *jdn./etw. unterwerfen* | Les Gaulois ont été soumis par l'armée de Jules César. | |
| **le combat** | *Kampf, Gefecht* | Le combat entre ces deux tribus ennemis a été long et cruel. | = la lutte, la bataille |
| **conquérir qn/qc** | *jdn./etw. erobern* | Les Romains voulaient conquérir le monde entier. | |
| **la conquête** | *Eroberung* | Jules César a décrit ses conquêtes dans « Les Commentaires sur la Guerre des Gaules ». | ≠ la perte |
| **le conquérant, la conquérante** | *Eroberer/Eroberin* | Christophe Colomb est un conquérant célèbre. | |

| mot français | dt. Bedeutung | phrase française | syn./ant. |
|---|---|---|---|
| **cruel, le** | *grausam* | La torture est un acte cruel et interdit. | |
| **la cruauté** | *Grausamkeit* | Je suis choqué par la cruauté de cette guerre. | = l'atrocité [f] |
| **meurtrier, -ère** | *tödlich, verheerend* | La bataille d'Azincourt a été meurtrière pour l'armée française. | |
| **vaincre qn/qc** | *jdn./etw. besiegen* | Les Romains ont vaincu les Gaulois. | = gagner contre qn |
| **perdre (qc)** | *(etw.) verlieren* | L'Allemagne a perdu la Deuxième Guerre mondiale. | ≠ gagner qc |
| **survivre (à qn/qc)** | *(jdn./etw.) überleben* | Mon grand-père n'a pas survécu à la guerre. | |
| **la débâcle** | *Zusammenbruch, Debakel* | La débâcle de l'armée de Napoléon en 1812 en Russie a causé la mort d'énormément de soldats. | = l'effondrement [m] |
| **annexer qc** | *etw. annektieren, sich einverleiben* | Les Romains ont annexé un pays après l'autre. | |
| **le Moyen Âge** | *Mittelalter* | Même de nos jours, le Moyen Âge enthousiasme les gens. | |
| **le chevalier, la chevaleresse** | *Ritter*in* | Le chevalier était un guerrier du Moyen Âge. | |
| **la croisade** | *Kreuzzug* | Les croisades ont commencé au XIe siècle. | |
| **la monarchie (absolue)** | *(absolute) Monarchie* | Dans une monarchie absolue, le roi décide de tout. | |
| **le royaume** | *Königreich* | Dans un royaume, le chef d'État est un roi ou une reine. | |
| **royal, e** | *königlich, Königs-* | Le mariage royal a été suivi par beaucoup de gens. | |

| mot français | dt. Bedeutung | phrase française | syn./ant. |
|---|---|---|---|
| **couronner qn** | *jdn. krönen* | Louis XVI a été couronné roi en 1775 à Reims. | = sacrer qn |
| **la couronne** | *Krone* | Les rois et les reines portent une couronne sur la tête. | |
| **le trône** | *Thron(sessel)* | Louis XIV a été placé sur le trône quand il était encore un enfant. | |
| **imposer qc à qn** | *jdm. etw. auferlegen, aufdrängen* | On a imposé des taxes trop importantes aux paysans. | |
| **la cour** | *Hof* | Beaucoup de musiciens jouaient à la cour de Louis XIV. | |
| **le courtisan, la courtisane** | *Höfling* | Les courtisans vivent à la cour du roi. | |
| **le bourgeois, la bourgeoise** | *Bürger*in* | Les bourgeois ne faisaient partie ni du clergé ni de la noblesse, mais du tiers état. | |
| **le règne** | *Herrschaft, Regierung(szeit)* | Le règne de Louis XIV a duré plus de 50 ans. | |
| **l'apogée** [m] | *Höhepunkt, Zeit* | Le II$^{e}$ siècle après Jésus-Christ marque l'apogée de l'Empire romain. | = le sommet |
| **le Dauphin, la Dauphine** | *Thronfolger*in* | On appelait le fils de Louis XIV « le Grand Dauphin ». | = l'héritier [m], l'héritière [f] |
| **le prédécesseur, la prédécesseure** | *Vorgänger*in* | Le prédécesseur de Louis XV était Louis XIV. | ≠ le successeur, la successeure |
| **le successeur, la successeure** | *Nachfolger*in* | Louis XV était le successeur de Louis XIV. | ≠ le prédécesseur, la prédécesseure |
| **abdiquer** | *abdanken* | Le peuple trouve que son chef d'État devrait abdiquer. | |

| mot français | dt. Bedeutung | phrase française | syn./ant. |
|---|---|---|---|
| **la Réforme** | *Reformation* | Suite à la Réforme, au XVIe siècle, le protestantisme a vu le jour. | |
| **le Huguenot, la Huguenote** | *Hugenotte/ Hugenottin* | Les Huguenots sont des protestants. | |
| **l'Ancien Régime** [m] | *Ancien Régime [absolutistische Monarchie vor der Frz. Revolution von 1789]* | L'Ancien Régime est la période entre la Renaissance et la Révolution française. | |
| **le Siècle des Lumières** [f/pl] | *(Zeitalter der) Aufklärung* | La plupart des grands philosophes ont vécu pendant le Siècle des Lumières. | = les Lumières [f/pl] |
| **la Révolution française** | *Französische Revolution* | La Révolution française marque la fin de l'Ancien Régime. | |
| **éclater** [intr.] | *ausbrechen* | La Révolution française a éclaté le 14 juillet 1789. | |
| **la révolte** | *Aufruhr, Aufstand* | Après la révolte du peuple, le roi a décidé d'être plus sévère. | = l'émeute [f] |
| **la peine de mort** | *Todesstrafe* | Au Moyen-Âge, la peine de mort était une punition courante. | |
| **exécuter qn** | *jdn. hinrichten, exekutieren* | Louis XVI a été exécuté le 21 janvier 1793. | = tuer qn |
| **supprimer qc** | *etw. abschaffen, beseitigen* | Louis XIV a supprimé la liberté de religion pour les protestants. | = abolir qc |
| **la suppression** | *Abschaffung, Beseitigung* | Beaucoup d'Américains exigent la suppression définitive de la peine de mort. | = l'abolition [f] |
| **le privilège** | *Vorrecht, Privileg* | Avant la Révolution française, les nobles avaient beaucoup de privilèges. | |

| mot français | dt. Bedeutung | phrase française | syn./ant. |
|---|---|---|---|
| **l'ordre** [m] | *Stand* | Au XVIII$^{e}$ siècle, il y avait trois ordres en France : la noblesse, le clergé et le tiers état. | |
| **la noblesse** | *Adel* | Un baron fait partie de la noblesse. | |
| **le clergé** | *Klerus* | Un prêtre fait partie du clergé. | |
| **le tiers état** | *der dritte Stand* | Le tiers état comprend ceux qui ne sont ni de la noblesse ni du clergé. | |
| **le peuple** | *Volk* | Le peuple a décidé de se révolter contre le roi. | |
| **se réunir** | *sich versammeln* | Le peuple s'est réuni pour assister aux exécutions. | = s'assembler, se rassembler |
| **prendre qc d'assaut** | *etw. (er)stürmen, im Sturm nehmen* | Le 14 juillet 1789, les Parisiens ont pris la Bastille d'assaut. | |
| **la prise de la Bastille** | *Sturm auf die Bastille* | La prise de la Bastille est un évènement important de la Révolution française. | |
| **la séparation des pouvoirs** | *Gewaltenteilung* | Après la séparation des pouvoirs, on a obtenu le pouvoir législatif, le pouvoir exécutif et le pouvoir judiciaire. | |
| **les droits** [m/pl] **de l'homme** | *Menschenrechte* | La Déclaration des droits de l'homme a été une conséquence de la Révolution française. | |
| **la liberté** | *Freiheit* | « Liberté, Égalité, Fraternité » est la devise de la République française. | ≠ l'esclavage [m] |

| mot français | dt. Bedeutung | phrase française | syn./ant. |
|---|---|---|---|
| l'égalité [f] | *Einheit* | L'égalité est importante pour que tout le monde soit traité de manière juste. | |
| la fraternité | *Brüderlichkeit* | La fraternité est un sentiment très fort. | |
| la puissance | *Macht* | Versailles devait symboliser la puissance du roi Louis XIV. | ≠ l'impuissance [f], la faiblesse |

## 2 *L'histoire après la Révolution française* – Geschichte nach der Französischen Revolution

| mot français | dt. Bedeutung | phrase française | syn./ant. |
|---|---|---|---|
| fuir | *fliehen, flüchten* | Louis XVI a décidé de fuir avec son épouse parce qu'il avait peur d'être tué. | = s'enfuir |
| la Terreur | *[Schreckensherrschaft von 1793/94]* | Maximilien de Robespierre a été un des responsables de la Terreur. | |
| la guillotine | *Guillotine, Fallbeil* | Dans le passé, on a utilisé la guillotine pour exécuter les condamnés à mort. | |
| le Consulat | *Konsulat* | Le Consulat a duré de 1799 à 1804. | |
| le coup d'État | *Staatsstreich* | Le coup d'État de Napoléon a eu lieu le 9 novembre 1799. | |
| céder qc (à qn) | *(jdm.) etw. überlassen, abtreten* | Les Allemands ont cédé l'Alsace aux Français. | |
| la Restauration | *die Restauration* | La période entre 1815 et 1830 est appelée « Seconde Restauration ». | |
| la guerre franco-allemande | *Deutsch-Französischer Krieg* | La guerre franco-allemande n'a duré que six mois. | |

| mot français | dt. Bedeutung | phrase française | syn./ant. |
|---|---|---|---|
| **la révolution industrielle** | *industrielle Revolution* | La révolution industrielle a transformé la manière de travailler. | |
| **déchirer qc** | *etw. zerreißen, entzweien* | Des conflits armés ont déchiré l'Europe au XXe siècle. | |
| **la Première Guerre mondiale** | *Erster Weltkrieg* | La Première Guerre mondiale a commencé en 1914. | = la Grande Guerre |
| **déclarer la guerre à qn** | *jdm. den Krieg erklären* | Le 3 septembre 1939, la France et l'Angleterre ont déclaré la guerre à l'Allemagne. | |
| **l'ennemi** [m], **l'ennemie** [f] | *Feind*in* | Pendant la Deuxième Guerre mondiale, l'Allemagne s'est fait beaucoup d'ennemis. | ≠ l'ami [m], l'amie [f] |
| **les alliés** [m/pl] | *Alliierte* | La France et le Royaume Uni ont été alliés pendant la Première Guerre mondiale. | |
| **l'entre-deux-guerres** [m] | *Zwischenkriegszeit [Zeit zwischen den beiden Weltkriegen]* | L'entre-deux-guerres est la période entre la Première et la Deuxième Guerre mondiale. | |
| **l'armistice** [m] | *Waffenstillstand* | L'armistice de la Première Guerre mondiale a été signé en 1918. | ≠ la guerre |
| **le Troisième Reich** | *Drittes Reich* | Adolf Hitler a dirigé le Troisième Reich. | |
| **les nazis** [m/pl] | *Nazis* | Les nazis ont persécuté les Juifs et d'autres groupes de personnes. | |

| mot français | dt. Bedeutung | phrase française | syn./ant. |
|---|---|---|---|
| **antisémite** | *judenfeindlich, antisemitisch* | Sophie Scholl a lutté contre le comportement antisémite du gouvernement. | |
| **la Deuxième Guerre mondiale** | *Zweiter Weltkrieg* | La Deuxième Guerre mondiale s'est terminée par la capitulation du Troisième Reich le 8 mai 1945. | |
| **l'armée** [f] | *Heer, Armee* | Après la défaite, l'armée a reculé. | = les troupes [f/pl] |
| **la troupe** | *Truppe* | La France et l'Allemagne ont envoyé des troupes en Afghanistan. | = l'armée [f] |
| **lutter** [intr.] | *kämpfen* | Même si les soldats ont beaucoup lutté, ils ont perdu. | = se battre |
| **la lutte** | *Kampf* | La lutte pour le droit de vote des femmes a été très longue. | = le combat, la bataille |
| **l'arme** [f] | *Waffe* | Il est interdit de posséder des armes sans permis. | |
| **blesser qn** | *jdn. verletzen, verwunden* | Mon grand-père a été blessé pendant la Deuxième Guerre mondiale. | |
| **la blessure** | *Verletzung, Verwundung* | Ses blessures étaient tellement graves qu'il en est mort. | |
| **larguer une bombe sur qn/qc** | *eine Bombe auf jdn./etw. abwerfen* | En 1945, les Américains ont largué une bombe atomique sur la ville d'Hiroshima. | |
| **déporter qn** | *jdn. deportieren* | Des millions de Juifs ont été déportés dans des camps de concentration. | |

| mot français | dt. Bedeutung | phrase française | syn./ant. |
|---|---|---|---|
| **le camp de concentration** | *Konzentrationslager* | Aujourd'hui, on peut visiter ce qui reste des camps de concentration. | |
| **torturer qn** | *jdn. foltern, martern* | On torturait souvent les Résistants pour qu'ils dénoncent leurs camarades. | = infliger des tortures à qn, supplicier qn |
| **la chambre à gaz** | *Gaskammer* | Pendant la Seconde Guerre mondiale, il y avait des chambres à gaz en Europe. | |
| **la Résistance** | *Résistance [Widerstandsbewegung in Frankreich von 1940–1944]* | La Résistance s'est organisée à l'intérieur et à l'extérieur de la France. | |
| **le résistant, la résistante** | *Widerstandskämpfer*in* | Jean Moulin était un résistant français pendant la Seconde Guerre mondiale. | |
| **l'occupation [f]** | *Besetzung* | Sous l'occupation allemande pendant la Seconde Guerre mondiale, certains Français collaboraient avec la Gestapo. | = la libération |
| **la patrie** | *Heimat(land)* | La devise du gouvernement de Vichy était : « Travail, Famille, Patrie ». | |
| **la zone libre** | *freie Zone* | Mes grands-parents vivaient dans la zone libre. | ≠ la zone occupée |
| **la zone occupée** | *besetzte Zone* | La zone occupée se trouvait surtout au-dessus de la Loire. | ≠ la zone libre |
| **la collaboration** | *Kollaboration [Zusammenarbeit mit der deutschen Besatzung]* | Le maréchal Pétain a appelé à la collaboration avec les Allemands. | |

| mot français | dt. Bedeutung | phrase française | syn./ant. |
|---|---|---|---|
| **lancer un appel** | *einen Aufruf ergehen lassen* | Le 18 juin 1940, le général de Gaulle a lancé son appel à la résistance. | |
| **le débarquement** | *Landung* | Le débarquement des Alliés en Normandie a eu lieu le 6 juin 1944. | |
| **libérer qn/qc** | *jdn./etw. befreien* | La France a été libérée en 1944. | ≠ occuper qc |
| **la Libération** | *Befreiung* | La Libération de Paris s'est faite le 25 aout 1944. | |
| **l'après-guerre** [f] | *Nachkriegszeit* | L'après-guerre a été une période difficile pour l'Europe entière. | |
| **la guerre froide** | *Kalter Krieg* | La guerre froide a été un conflit entre les États-Unis et l'Union Soviétique. | |
| **la chute** | *Fall, Sturz* | Après la chute du mur, les Allemands ont fêté toute la nuit. | |
| **réclamer qc** | *etw. fordern, verlangen* | Les Algériens ont réclamé l'indépendance de leur pays. | = demander qc, revendiquer qc, exiger qc |
| **refuser qc** | *etw. ablehnen, verweigern* | La tribu a refusé l'offre de paix de l'ennemi et a décidé de continuer à se battre. | = réprouver qc, repousser qc, rejeter qc ≠ accepter qc, approuver qc |
| **se venger (de qn/qc)** | *sich (an jdm./für etw.) rächen* | Après l'attaque des ennemis, le général s'est vengé. | |
| **la vengeance** | *Rache* | La vengeance est un sentiment très négatif. | |
| **se réconcilier avec qn** | *sich mit jdm. versöhnen, aussöhnen* | La France et l'Allemagne se sont réconciliées en signant le Traité de l'Élysée. | |

| mot français | dt. Bedeutung | phrase française | syn./ant. |
|---|---|---|---|
| **la réconciliation** | *Versöhnung, Aussöhnung* | Konrad Adenauer a toujours été pour la réconciliation franco-allemande. | |
| **assumer qc** | *etw. bewältigen, akzeptieren* | Certains Allemands ont du mal à assumer leur passé. | = supporter qc, accepter qc |

## 3 *La Francophonie* – Frankophonie

| mot français | dt. Bedeutung | phrase française | syn./ant. |
|---|---|---|---|
| **la francophonie** [f minuscule] | *französische Sprachgemeinschaft* | La francophonie comprend toutes les personnes qui utilisent le français. | |
| **la Francophonie** [F majuscule] | *Bund von Staaten, in denen Französisch gesprochen wird* | La Francophonie désigne l'ensemble des pays où le français est une langue officielle ou couramment parlée. | |
| **le territoire** | *Territorium* | La France comporte des territoires d'outre-mer dans plusieurs océans. | |
| **la colonie** | *Kolonie* | La Côte d'Ivoire a été une colonie jusqu'en 1960. | |
| **la colonisation** | *Kolonisierung* | La colonisation permet à un pays de profiter des richesses de l'autre. | ≠ la décolonisation |
| **le, la colon** | *Siedler*in* | La ville de Montréal a été fondée par des colons français au XVIIe siècle. | |
| **l'empire** [m] **colonial** | *Kolonialreich* | L'empire colonial français a existé entre le XVIe et XXe siècle. | |
| **l'esclavage** [m] | *Sklaverei, Sklaventum* | Heureusement que l'esclavage a été aboli. | ≠ la liberté |

| mot français | dt. Bedeutung | phrase française | syn./ant. |
|---|---|---|---|
| **la décolonisation** | *Entkolonialisierung* | Le résultat de la décolonisation est l'indépendance des pays colonisés. | ≠ la colonisation |
| **la guerre civile** | *Bürgerkrieg* | En 2011, il y a eu une guerre civile en Libye. | |
| **la guerre d'Algérie** | *Algerienkrieg* | Les accords d'Évian ont mis fin à la guerre d'Algérie. | |
| **les DROM-COM** | *[französische Überseegebiete]* | La Guadeloupe est un DROM, la Polynésie française une COM. | = les **d**épartements et **r**égions d'**o**utre-**m**er et les **c**ollectivités d'**o**utre-**m**er |
| **l'indépendance** [f] | *Unabhängigkeit* | En 1962, l'Algérie a obtenu son indépendance. | ≠ la dépendance |
| **l'autonomie** [f] | *Unabhängigkeit, Autonomie* | Beaucoup d'Alsaciens réclament l'autonomie de l'Alsace. | ≠ la dépendance |
| **indépendant, e** | *unabhängig* | L'Algérie est devenue un pays indépendant après la guerre d'Algérie. | = autonome<br>≠ dépendant, e |
| **autonome** | *unabhängig, autonom* | Les COM sont plus autonomes que les DROM. | = indépendant, e<br>≠ dépendant, e |
| **l'héritage** [m] | *Erbe* | La francophonie est considérée comme un héritage de la colonisation française. | |
| **la métropole** | *[Frankreich mit Korsika, aber ohne Überseegebiete]* | Je voudrais envoyer une lettre en métropole, tu penses qu'elle arrivera d'ici une semaine ? | = la France métropolitaine, l'Hexagone [m] |
| **d'outre-mer** | *Übersee-, aus Übersee, überseeisch* | La Réunion est un département d'outre-mer. | |

# *La politique* – Politik

## 1 *La politique intérieure et l'administration* – Innenpolitik und Verwaltung

| mot français | dt. Bedeutung | phrase française | syn./ant. |
|---|---|---|---|
| **le régime** | *Staatsform, Regierungsform* | Sous l'Ancien régime, un roi régnait sur son peuple. | |
| **la démocratie** | *Demokratie* | La démocratie, cela signifie que le peuple a le pouvoir. | ≠ la monarchie |
| **la politique intérieure** | *Innenpolitik* | La politique intérieure, c'est s'occuper des problèmes des citoyens du pays. | ≠ la politique étrangère |
| **le gouvernement** | *Regierung* | Le gouvernement est composé des ministres et du Premier ministre. | |
| **le (pouvoir) exécutif** | *vollziehende (Staats-) Gewalt, Exekutive* | Le président et le gouvernement exercent le pouvoir exécutif. | |
| **le (pouvoir) judiciaire** | *richterliche Gewalt, Judikative* | Le pouvoir judiciaire est exercé par les juges. | |
| **le (pouvoir) législatif** | *gesetzgebende Gewalt, Legislative* | Le pouvoir législatif est exercé par le Parlement. | |
| **la chambre** | *Kammer* | Le Sénat et l'Assemblée nationale sont les deux chambres du parlement français. | |
| **le Sénat** | *Senat* | Le Sénat est également appelé la chambre haute du Parlement. | |

| mot français | dt. Bedeutung | phrase française | syn./ant. |
|---|---|---|---|
| **l'Assemblée [f] nationale** | *Nationalversammlung* | Les députés de l'Assemblée nationale sont élus pour cinq ans. | |
| **le député, la députée** | *Abgeordnete*r* | Les députés sont les représentants du parlement. | |
| **le siège** | *Sitz* | C'est la première fois que ce parti a gagné plus de 100 sièges à l'Assemblée nationale. | |
| **le groupe parlementaire** | *Fraktion* | Un groupe parlementaire est composé de plusieurs députés. | |
| **la commission** | *Ausschuss, Kommission* | La commission va prendre sa décision cette semaine. | |
| **l'opposant [m], l'opposante [f]** | *Mitglied der Opposition, politischer Gegner/politische Gegnerin* | Les opposants n'acceptent presque jamais les décisions du gouvernement. | |
| **le sénateur, la sénatrice** | *Senator*in, Senatsmitglied* | Les sénateurs sont importants pour la politique. | |
| **la séance** | *Sitzung* | La séance a duré une heure. | |
| **le désaccord** | *Meinungsverschiedenheit* | L'Assemblée nationale est en désaccord sur la nouvelle loi. | ≠ l'accord [m] |
| **fonder qc** | *etw. gründen, ins Leben rufen* | L'organisation Greenpeace a été fondée en 1971. | = instaurer qc ≠ dissoudre qc |
| **dissoudre qc** | *etw. auflösen* | Le Président de la République a dissous l'Assemblée nationale. | ≠ instaurer qc, fonder qc |
| **débattre qc** | *über etw. debattieren, diskutieren* | Aujourd'hui, les députés débattent la réforme de la retraite. | = délibérer de/sur qc, discuter de/sur qc |

| mot français | dt. Bedeutung | phrase française | syn./ant. |
|---|---|---|---|
| **délibérer de/sur qc** | *über etw. beraten, beratschlagen* | C'est sur ce point que nous avons délibéré hier. | = réfléchir sur qc |
| **consulter qn/qc** | *jdn./etw. zurate ziehen, um Rat fragen* | Pour prendre sa décision, le président de la République a consulté beaucoup de personnes différentes. | = interroger qn/qc |
| **mettre qc en œuvre** | *etw. anwenden, umsetzen* | Maintenant, il faut mettre en œuvre les nouvelles idées. | = employer qc |
| **le président, la présidente de la République** | *französischer Staatspräsident, französische Staatspräsidentin* | Le président de la République est élu tous les cinq ans. | |
| **le quinquennat** | *5-jährige Amtszeit* | Le quinquennat correspond à une période de cinq ans. | |
| **la cohabitation** | *Kohabitation [gemeinsame Regierung eines Staatspräsidenten und eines Premierministers aus verschiedenen Parteien]* | Il y a eu une cohabitation de 1997 à 2002 avec Jacques Chirac comme président et Lionel Jospin comme Premier ministre. | |
| **le, la chef d'État** | *Staatschef*in* | Un chef d'État est une personnalité politique très importante. | |
| **l'homme [m] d'État, la femme d'État** | *Staatsmann, Staatsfrau* | Les hommes et les femmes d'État des pays membres de l'Union européenne se sont réunis à Bruxelles. | |
| **le politicien, la politicienne** | *Politiker*in* | Les politiciens prennent des décisions importantes pour les citoyens. | = l'homme [m] politique, la femme politique |

| mot français | dt. Bedeutung | phrase française | syn./ant. |
|---|---|---|---|
| **le drapeau tricolore** | *Trikolore [Staatsflagge Frankreichs]* | Le drapeau tricolore comporte le bleu, le blanc et le rouge. | |
| **l'hymne** [m] **national** | *Nationalhymne* | L'hymne national de la France s'appelle « La Marseillaise ». | |
| **la Constitution** | *Verfassung* | En France, la Constitution actuelle existe depuis 1958. | |
| **l'institution** [f] | *Einrichtung, Institution* | Le Conseil européen est une institution de l'Union européenne. | |
| **le ministère** | *Ministerium* | Le ministère de l'écologie s'occupe de l'environnement. | |
| **le Premier ministre, la Première ministre** | *Premierminister*in* | Le Premier ministre est le chef du gouvernement. | |
| **le, la ministre de l'Intérieur** | *Innenminister*in* | Le ministre de l'Intérieur est chargé de la sécurité du pays. | ≠ le, la ministre des Affaires étrangères |
| **l'hôtel** [m] **Matignon** | *[Sitz des französischen Premierministers]* | L'Hôtel Matignon se trouve dans le VII^e arrondissement de Paris. | = le Matignon |
| **démissionner (de qc)** | *zurücktreten, kündigen, (aus etw.) ausscheiden* | Cet homme politique a fait une très grosse erreur, il a donc démissionné. | = se retirer (de qc) |
| **succéder à qn** | *jdm. (im Amt) nachfolgen* | En 2012, François Hollande a succédé à Nicolas Sarkozy. | = suivre qn |
| **nommer qn** | *jdn. ernennen, berufen* | Le président a nommé son Premier ministre. | = désigner qn |
| **désigner qn** | *jdn. bestimmen, nominieren* | Un politicien très sympathique a été désigné pour être ministre. | = nommer qn |

| mot français | dt. Bedeutung | phrase française | syn./ant. |
|---|---|---|---|
| **déléguer qc (à qn)** | *(jdm.) etw. übertragen, etw. (an jdn.) delegieren* | Le président de la République délègue les tâches aux ministres. | |
| **le parti** | *Partei* | Pour être élu, il faut être membre d'un parti. | |
| **le, la porte-parole** | *Sprecher*in* | Chaque parti a son propre porte-parole. | |
| **la gauche** | *Linke* | L'égalité est une valeur caractéristique de la gauche. | ≠ la droite |
| **la droite** | *Rechte* | La droite a une tradition conservatrice. | ≠ la gauche |
| **l'extrême droite [f]** | *extreme Rechte* | Le Rassemblement national est un parti d'extrême droite. | ≠ l'extrême gauche [f] |
| **conservateur, -trice** | *konservativ* | En général, les partis de droite sont plus conservateurs que ceux de gauche. | |
| **le centre** | *(politische) Mitte* | Le Mouvement démocrate (MoDem) est un parti du centre. | |
| **le centralisme** | *Zentralismus* | Le centralisme est un modèle politique pratiqué en France. | |
| **la décentralisation** | *Dezentralisierung* | En France, la décentralisation donne plus de responsabilités aux régions. | ≠ la centralisation |
| **la fédération** | *Bund, Föderation* | Dans une fédération, il y a plusieurs gouvernements régionaux. | |
| **le fédéralisme** | *Föderalismus* | Dans le fédéralisme allemand, il y a 16 länder. | |

| mot français | dt. Bedeutung | phrase française | syn./ant. |
|---|---|---|---|
| **sur le plan national** | *auf nationaler Ebene* | Sur le plan national, l'Assemblée nationale a décidé de lutter contre la délinquance. | |
| **adhérer à qc** | *bei etw. Mitglied werden, etw. beitreten* | Il voudrait adhérer au Mouvement démocrate. | |
| **l'adhérent [m], l'adhérente [f]** | *Parteimitglied, Anhänger*in* | Pour pouvoir voter, il ne faut pas être obligatoirement adhérent à un parti. | = le, la membre, le partisan, la partisane |
| **le, la membre** | *Mitglied* | Les membres du parti organisent une fête après les élections. | = l'adhérent [m], l'adhérente [f], le partisan, la partisane |
| **le partisan, la partisane** | *Anhänger*in* | José Bové est un partisan du mouvement écologique. | = l'adhérent [m], l'adhérente [f], le, la membre |
| **l'association [f]** | *(gemeinnütziger) Verein, Verband* | Emmaüs est une association française fondée par l'Abbé Pierre en 1949. | |
| **militer pour/contre qc** | *für/gegen etw. kämpfen* | Les Verts militent en faveur de l'environnement. | = lutter pour/contre qc |
| **le militant, la militante** | *aktives Mitglied, Aktivist*in* | Un militant de Greenpeace a été blessé par un pêcheur. | |
| **se mobiliser pour/contre qc** | *sich für/gegen etw. einsetzen* | Les Verts se mobilisent contre les transports nucléaires. | = s'engager pour/contre qc |
| **s'engager dans qc** | *sich etw. widmen, sich für etw. engagieren* | Beaucoup de jeunes voudraient s'engager dans la politique. | |

| mot français | dt. Bedeutung | phrase française | syn./ant. |
|---|---|---|---|
| **se méfier de qn/qc** | *jdm./einer Sache misstrauen* | Il faut se méfier de ce que les politiciens promettent avant les élections. | ≠ faire confiance à qn/qc, avoir confiance en qn/qc |
| **la méfiance** | *Misstrauen, Argwohn* | La méfiance entre les membres d'un même parti crée des problèmes. | ≠ la confiance |
| **faire confiance à qn/qc** | *jdm./einer Sache vertrauen* | Le président espère que le peuple lui fera confiance. | = avoir confiance en qn/qc ≠ se méfier de qn/qc |
| **se résigner à qc** | *sich mit etw. abfinden* | L'opposition s'est résignée aux dernières propositions de loi. | = se satisfaire de qc, être content, e de qc, accepter qc, s'accommoder de qc |
| **l'intérêt [m] général** | *Gemeinwohl* | Les hommes et les femmes politiques doivent s'occuper de l'intérêt général. | = l'intérêt public [m] |
| **avoir de l'influence [f] (sur qn/qc)** | *(auf jdn./etw.) Einfluss haben* | En Allemagne, le chancelier a plus d'influence que le président. | = influencer qn/qc |
| **prendre le pouvoir** | *die Macht übernehmen* | En 1804, Napoléon Ier a pris le pouvoir sur la France en se déclarant empereur. | |
| **le sondage** | *(Meinungs-) Umfrage* | D'après un sondage, le président de la République n'est plus très populaire. | = l'enquête [f] |
| **se présenter** | *kandidieren* | Pour se présenter aux élections présidentielles, il faut avoir 18 ans. | = se porter candidat, e |
| **élire qn** | *jdn. wählen* | Le peuple français élit son président ou sa présidente au suffrage universel direct. | |

| mot français | dt. Bedeutung | phrase française | syn./ant. |
|---|---|---|---|
| **l'élu, e [m/f]** | *gewählter Politiker/gewählte Politikerin* | Il y a 577 élus à l'Assemblée nationale. | |
| **l'élection [f]** | *Wahl* | En général, les élections ont lieu le dimanche. | |
| **le tour** | *Wahlgang* | Au premier tour, la candidate du Rassemblement national a obtenu plus de 20 % des votes. | |
| **les (élections) présidentielles [f/pl]** | *Präsidentschaftswahlen* | Lors des présidentielles, le peuple élit le président de la République. | |
| **les (élections) législatives [f/pl]** | *Parlamentswahlen* | Lors des législatives, le peuple élit le parlement. | |
| **les (élections) régionales [f/pl]** | *Regionalwahlen* | Lors des régionales, le conseil régional est élu. | |
| **les (élections) municipales/communales [f/pl]** | *Stadtrats-/Gemeinderatswahlen* | Lors des municipales, le peuple élit les autorités d'une commune. | |
| **l'électeur [m], l'électrice [f]** | *Wähler*in* | Les électeurs éliront leur président ce dimanche. | |
| **l'électorat [m]** | *Wählerschaft* | Le parti veut mobiliser son électorat avant les législatives. | |
| **le droit de vote** | *Wahlrecht* | Le droit de vote est un droit important dans toute démocratie. | |
| **le suffrage universel** | *allgemeines Wahlrecht* | Le suffrage universel est le vote auquel tous les citoyens d'un pays peuvent participer. | |

| mot français | dt. Bedeutung | phrase française | syn./ant. |
|---|---|---|---|
| la participation électorale | *Wahlbeteiligung* | La participation électorale a atteint un niveau élevé. | |
| le programme électoral | *Wahlprogramm* | Le parti a souvent changé son programme électoral pour être sûr de gagner aux élections. | |
| la campagne électorale | *Wahlkampf* | Les hommes et les femmes politiques font des campagnes électorales pour être élus. | |
| le référendum | *Volksentscheid, Volksabstimmung* | Le président français peut faire voter une loi par la voie du référendum. | = le plébiscite |
| le scrutin | *Abstimmung* | Le résultat du scrutin est de 80 % contre 20 %. | |
| le vote | *Stimme, Abstimmung, Annahme* | L'Assemblée nationale s'occupera du vote des projets de loi cette semaine. | |
| le bulletin (de vote) | *Stimmzettel* | Le bulletin doit être rempli correctement. | |
| aller aux urnes [f/pl] | *wählen (gehen)* | Dimanche prochain, les Français iront aux urnes pour élire le président de la République. | = voter |
| s'abstenir (de qc) | *sich (einer Sache) enthalten* | Tu as décidé de t'abstenir de voter aux élections ? Alors, tu ne pourras plus influencer la politique ! | |
| l'abstentionniste [m/f] | *Nichtwähler*in* | Un abstentionniste ne va pas aux urnes. | ≠ l'électeur [m], l'électrice [f] |
| la majorité | *Mehrheit* | Avec plus de 50 %, on a la majorité. | ≠ la minorité |

| mot français | dt. Bedeutung | phrase française | syn./ant. |
| --- | --- | --- | --- |
| **la majorité** | *Volljährigkeit* | En France, on atteint la majorité à 18 ans. | |
| **la minorité** | *Minderheit* | Avec moins de 50 %, on est en minorité. | ≠ la majorité |
| | *Minderjährigkeit* | La minorité se termine quand on a 18 ans. | |
| **accorder les pleins pouvoirs** [m/pl] **à qn** | *jdm. die Vollmacht zubilligen* | Le président de la République a accordé les pleins pouvoirs à ses ministres. | |
| **la loi** | *Gesetz* | Les citoyens doivent respecter la loi. | |
| **le projet de loi** | *Gesetzesentwurf* | Un projet de loi vient du gouvernement. | |
| **la proposition de loi** | *Gesetzesvorlage* | Une proposition de loi vient du Parlement. | |
| **établir qc** | *etw. herstellen, aufstellen* | Je trouve important que mon pays établisse des relations avec d'autres pays. | |
| **instaurer qc** | *etw. errichten, einführen* | Le président a instauré l'état d'urgence. | = fonder qc<br>≠ abolir qc, dissoudre qc |
| **s'appliquer** | *gelten, Anwendung finden* | La loi de la séparation de l'État et de l'Église s'applique depuis 1905. | = être valable |
| **proclamer qc** | *etw. verkünden, ausrufen* | Nicolas Sarkozy a proclamé une loi « d'immigration choisie ». | = promulguer qc |
| **adopter qc** | *etw. annehmen, verabschieden* | L'Assemblée nationale a adopté une nouvelle loi. | ≠ rejeter qc |
| **l'abolition** [f] | *Abschaffung, Aufhebung* | L'abolition de l'esclavage a commencé au XVIII$^{e}$ siècle. | ≠ l'instauration [f] |

| mot français | dt. Bedeutung | phrase française | syn./ant. |
|---|---|---|---|
| **abolir qc** | *etw. abschaffen, aufheben* | L'esclavage est aboli depuis longtemps. | = accepter qc, approuver qc<br>≠ fonder qc, établir qc, instaurer qc |
| **être partisan, e de qc** | *etw. befürworten, für etw. eintreten* | Les Verts sont partisans de la fermeture définitive des centrales nucléaires en France. | = approuver qc<br>≠ réprouver qc, repousser qc, refuser qc |
| **approuver qc** | *etw. billigen, gutheißen* | Le Sénat a approuvé le projet de loi. | = accepter qc, être partisan, e de qc<br>≠ réprouver qc, repousser qc, refuser qc, rejeter qc |
| **réprouver qc** | *etw. missbilligen, verurteilen* | La majorité de l'Assemblée nationale réprouve les propositions de l'opposition. | = repousser qc, refuser qc, rejeter qc<br>≠ accepter qc, approuver qc, être partisan, e de qc |
| **repousser qc** | *etw. ablehnen, zurückweisen* | Le parlement a tout de suite repoussé l'idée d'un député. | = réprouver qc, refuser qc, rejeter qc<br>≠ accepter qc, approuver qc, être partisan, e de qc |
| **revendiquer qc** | *etw. fordern, verlangen* | N'oublie pas de revendiquer tes droits. | = exiger qc, demander qc |
| **entrer en vigueur** | *in Kraft treten* | La loi entrera en vigueur l'année prochaine. | |

| mot français | dt. Bedeutung | phrase française | syn./ant. |
|---|---|---|---|
| la citoyenneté | *Staatsbürgerschaft, Staatsangehörigkeit* | La citoyenneté est un synonyme du mot « nationalité ». | = la nationalité |
| l'administration [f] | *Verwaltung* | L'administration d'une commune se fait à la mairie. | |
| administratif, -ve | *Verwaltungs-* | Le métier de mon oncle est fonctionnaire administratif. | |
| le conseil régional | *Regionalrat* | Le conseil régional s'occupe de questions politiques au niveau régional. | |
| le conseil départemental | *Departementsvertretung* | Dans chaque département, il y a un conseil départemental. | |
| la commune | *Gemeinde(verwaltung), Kommune* | Mon père travaille à la commune. | = la municipalité |
| la municipalité | *Gemeinde, Stadt* | La municipalité est l'ensemble des personnes qui administrent la commune. | = la commune |
| municipal, e | *städtisch, Stadt-* | Au théâtre municipal, il y a un spectacle par semaine. | = communal, e |
| le conseil municipal | *Gemeinderat* | Le conseil municipal doit décider des affaires concernant la commune. | |
| le maire (adjoint), la maire (adjointe) | *(stellvertretender) Bürgermeister/(stellvertretende) Bürgermeisterin* | Le maire est la personne qui dirige une commune. | |
| la préfecture | *Präfektur* | Il y a une préfecture dans chaque département. | |
| l'arrondissement [m] | *Bezirk, Viertel* | Paris est composé de 20 arrondissements. | |

| mot français | dt. Bedeutung | phrase française | syn./ant. |
|---|---|---|---|
| **s'opposer à qn/qc** | *sich jdm./etw. widersetzen* | Les Verts s'opposent à la politique nucléaire. | |
| **se révolter contre qn/qc** | *sich gegen jdn./etw. aufleh-nen, erheben* | Le peuple s'est révolté contre le roi. | |
| **contester que + *subj.*** | *bestreiten, dass* | Je conteste que ce soit la règle. | |
| **manifester pour/contre qc** | *für/gegen etw. demonstrieren* | Dans beaucoup de villes françaises, des jeunes ont manifesté contre l'énergie nucléaire. | = descendre dans la rue pour/contre qc |
| **la grève** | *Streik* | Depuis lundi, les employés de la poste ont arrêté leur travail : ils font la grève. | |
| **l'impôt** [m] | *Steuer, Abgabe* | Les citoyens aimeraient bien payer moins d'impôts. | |
| **augmenter** [intr.] | *steigen, zunehmen* | Les impôts n'arrêtent pas d'augmenter. | = monter ≠ baisser, diminuer |
| **augmenter qc** | *etw. erhöhen, vermehren* | Il est possible que l'État augmente les impôts cette année. | ≠ baisser qc, réduire qc, diminuer qc |
| **baisser** [intr.] | *sinken, abnehmen* | Les impôts ont baissé l'année dernière. | = diminuer ≠ augmenter, monter |
| **baisser qc** | *etw. senken* | Souvent, les candidats aux élections promettent de baisser les impôts. | = réduire qc, diminuer qc ≠ augmenter qc |

## 2 *La justice* – Justiz

| mot français | dt. Bedeutung | phrase française | syn./ant. |
|---|---|---|---|
| **le, la juge** | *Richter*in* | Le juge doit décider si quelqu'un est coupable ou innocent. | |
| **le procureur, la procureure** | *Staatsanwalt/ Staatsanwältin* | L'avocat s'adresse à la juge, puis au procureur. | |
| **l'avocat [m], l'avocate [f]** | *Anwalt/Anwältin* | Un accusé a droit à un avocat. | |
| **le procès** | *Rechtsstreit, Prozess* | Le procès commencera dans trois jours. | |
| **poursuivre qn en justice** | *jdn. gerichtlich belangen, verfolgen* | Il est poursuivi en justice parce qu'il n'a pas payé ses impôts. | = traduire qn en justice |
| **le crime** | *Verbrechen* | La jeune femme a commis un crime. | = le délit |
| **condamner qn (à mort)** | *jdn. (zum Tode) verurteilen* | Le Tribunal a condamné l'accusé à mort. | ≠ acquitter qn |
| **acquitter qn** | *jdn. freisprechen* | Le coupable a été acquitté. | ≠ condamner qn |
| **coupable (de qc)** | *(einer Sache) schuldig* | Il s'est déclaré coupable en avouant avoir tué la vieille femme. | ≠ innocent, e |
| **innocent, e** | *unschuldig* | La femme a été condamnée bien qu'elle dise être innocente. | ≠ coupable |
| **majeur, e** | *volljährig* | En France, on est majeur quand on a atteint l'âge de 18 ans. | ≠ mineur, e |
| **mineur, e** | *minderjährig* | Avant l'âge de 18 ans, on est mineur. | ≠ majeur, e |

# 3 La politique étrangère – Außenpolitik

| mot français | dt. Bedeutung | phrase française | syn./ant. |
|---|---|---|---|
| **la politique étrangère** | *Außenpolitik* | Le ministre des Affaires étrangères s'occupe de la politique étrangère. | ≠ la politique intérieure |
| **sur le plan international** | *auf internationaler Ebene* | La corruption sur le plan international a beaucoup augmenté. | ≠ sur le plan national |
| **la diplomatie** | *Diplomatie* | Les hommes d'État doivent agir avec beaucoup de diplomatie. | |
| **l'ambassade** [f] | *Botschaft* | Mon frère travaille à l'ambassade. | |
| **l'ambassadeur** [m], **l'ambassadrice** [f] | *Botschafter*in* | Un ambassadeur doit agir avec diplomatie. | |
| **le sommet** | *Gipfel(treffen)* | Le sommet a lieu la semaine avant Noël. | = la rencontre au sommet |
| **le médiateur, la médiatrice** | *Vermittler*in* | Les deux adversaires se sont mis d'accord avec l'aide d'un médiateur. | |
| **le traité** | *Vertrag* | Le Traité de l'Élysée a été signé le 22 janvier 1963. | = l'accord [m] |
| **l'accord** [m] | *Abkommen, Vereinbarung* | Les deux parties ont conclu un accord. | = le traité |
| **le décret** | *Verordnung, Dekret* | Pendant la Troisième République, seul le président pouvait prendre des décrets. | |
| **signer qc** | *etw. unterzeichnen, unterschreiben* | Le président a signé la nouvelle loi. | |
| **rompre qc** | *etw. (ab)brechen* | Elle a rompu tous les liens avec son ancien parti. | |

| mot français | dt. Bedeutung | phrase française | syn./ant. |
|---|---|---|---|
| **les relations internationales [f/pl]** | *internationale Beziehungen* | Il faut que les relations internationales soient bonnes. | |
| **avoir des rapports [m/pl]** | *Beziehungen haben* | La France a des rapports amicaux avec l'Allemagne. | = avoir des relations [f/pl] |
| **le, la ministre des Affaires étrangères** | *Außenminister*in* | Le ministre des Affaires étrangères entreprend souvent des voyages. | ≠ le , la ministre de l'Intérieur |
| **les dettes [f/pl]** | *Schulden* | Chaque année, mon pays fait de nouvelles dettes. | ≠ l'avoir [m] |
| **l'organisation [f] humanitaire** | *humanitäre Organisation, Hilfsorganisation* | Les organisations humanitaires luttent contre la faim en Afrique. | |

## 4 *Les relations franco-allemandes et l'Europe* – Die deutsch-französischen Beziehungen und Europa

| mot français | dt. Bedeutung | phrase française | syn./ant. |
|---|---|---|---|
| **le Traité de l'Élysée** | *Elysée-Vertrag* | Le Traité de l'Élysée a été signé le 22 janvier 1963. | |
| **rapprocher qn/qc** | *jdn./etw. näher bringen* | Les chefs d'États français et allemand ont proclamé leur volonté de rapprocher les deux pays. | |
| **collaborer** | *zusammenarbeiten* | La France et l'Allemagne collaborent dans beaucoup de domaines. | |
| **coopérer** | *zusammenarbeiten, kooperieren* | Si la France et l'Allemagne ne coopéraient pas aussi bien, il y aurait moins de stabilité en Europe. | |
| **le jumelage** | *Städtepartnerschaft* | Il y a un jumelage entre Munich et Bordeaux. | |

| mot français | dt. Bedeutung | phrase française | syn./ant. |
|---|---|---|---|
| **être jumelé, e avec une ville** | *mit einer Stadt eine Städtepartnerschaft haben* | La ville de Mayence est jumelée avec la ville de Dijon. | |
| **la réunification** | *Wiedervereinigung* | La chute du mur a été l'évènement le plus important de la réunification allemande. | |
| **l'unification [f] européenne** | *Vereinigung Europas* | L'unification européenne n'est pas encore terminée. | |
| **la construction européenne** | *Aufbau Europas* | La construction européenne a une longue histoire. | |
| **l'Union [f] européenne (UE)** | *die Europäische Union (EU)* | L'Union européenne a été formé en 1992. | |
| **l'État [m] membre** | *Mitgliedsstaat* | La France est l'État membre le plus grand de l'UE. | |
| **la souveraineté** | *Staatshoheit, Souveränität* | Le président de la Commission européenne s'est prononcé pour une souveraineté européenne. | |
| **le Marché commun** | *gemeinsamer Markt* | Le Marché commun permet de vendre et d'acheter librement des biens en Europe. | |
| **circuler librement** | *sich frei bewegen* | Un des plus grands avantages de l'Union Européenne, c'est qu'on peut circuler librement. | |
| **l'espace [m] Schengen** | *Schengenraum* | En général, il n'y pas de contrôles douaniers entre les pays de l'espace Schengen. | |
| **l'union [f] monétaire** | *Währungsunion* | Dans l'union monétaire, il n'y a qu'une seule monnaie : l'euro. | |

| mot français | dt. Bedeutung | phrase française | syn./ant. |
|---|---|---|---|
| **la monnaie unique** | *einheitliche Währung* | L'euro est la monnaie unique de l'Union européenne. | |
| **la zone euro** | *Euro-Zone* | L'Allemagne fait partie de la zone euro. | |
| **la valeur** | *Wert* | La valeur de l'argent peut varier. | |
| **européen, ne** | *europäisch* | La France est un pays européen. | |
| **le Parlement européen** | *Europäisches Parlament* | Le Parlement européen se trouve à Strasbourg. | |
| **le Conseil européen** | *Europäischer Rat* | Le Conseil européen est le sommet de tous les chefs d'État de l'UE. | |
| **la Commission européenne** | *europäische Kommission* | La Commission européenne est une institution importante en Europe. | |
| **la demande d'adhésion** | *Beitrittsantrag* | Plusieurs pays ont posé une demande d'adhésion à l'UE. | |
| **élargir qc** | *etw. erweitern, vergrößern* | En 2004, l'UE a été élargie de 15 à 25 pays. | = agrandir qc<br>≠ rétrécir qc |
| **l'objectif** [m] | *Ziel* | L'objectif de cette loi est de lutter contre le racisme. | = le but |
| **le système monétaire** | *Währungssystem* | Le système monétaire européen a été créé le 13 mars 1979. | |
| **la présidence** | *Vorsitz, Präsidentschaft* | La présidence de l'Union européenne change tous les six mois. | |
| **s'endetter** | *sich verschulden, Schulden machen* | L'Union européenne interdit aux États membres de trop s'endetter. | |

| mot français | dt. Bedeutung | phrase française | syn./ant. |
|---|---|---|---|
| **le surendettement** | *Schuldenkrise, Überschuldung* | Il y a eu beaucoup de négociations à cause du surendettement de certains pays européens. | |
| **financier, -ère** | *finanziell, Finanz-* | Les taux d'intérêts ont baissé grâce à la crise financière. | = monétaire, pécuniaire |
| **mener à qc** | *zu etw. führen* | L'instauration de l'euro a mené à des augmentations de salaire. | = aboutir à qc, conduire à qc |

# *Liste des mots de liaison –* Liste strukturierender Wendungen

## 1 *Les prépositions –* Präpositionen und präpositionale Fügungen

| mot français | dt. Bedeutung | phrase française | syn./ant. |
|---|---|---|---|
| **à droite de** | *rechts von* | La boulangerie se trouve à droite de la boucherie. | ≠ à gauche de |
| **à gauche de** | *links von* | La boucherie se trouve à gauche de la boulangerie. | ≠ à droite de |
| **au-dessus de** | *über* | J'ai une lampe au-dessus de mon lit. | ≠ au-dessous de |
| **au-dessous de** | *unter* | Il faut passer l'aspirateur au-dessous de la table : c'est très sale. | ≠ au-dessus de |
| **au sein de** | *innerhalb, im Kreis/Zentrum von* | Il se sent sûr au sein de la famille. | = au milieu de<br>≠ en marge de |
| **en marge de** | *am Rande von* | Il vit en marge de la société. | ≠ au sein de, au milieu de |
| **à l'intérieur de** | *innerhalb von* | Par temps de pluie, les enfants jouent à l'intérieur de la maison. | ≠ à l'extérieur de, en dehors de, hors de |
| **à l'extérieur de** | *außerhalb von* | Les usines sont situées à l'extérieur de la ville. | = hors de, en dehors de<br>≠ à l'intérieur de |
| **en dehors de** | *außerhalb von* | Ne venez pas en dehors des heures d'ouverture ! | = hors de, à l'extérieur de<br>≠ à l'intérieur de |

| mot français | dt. Bedeutung | phrase française | syn./ant. |
|---|---|---|---|
| **hors de** | *außerhalb von, außer* | J'ai été contente d'être hors de danger. | = à l'extérieur, en dehors de<br>≠ à l'intérieur de |
| **au fond de** | *am Ende von, hinten in* | Au fond de la salle de classe, il y a souvent des élèves bavards. | = au bout de |
| **vis-à-vis de** | *gegenüber [örtlich]* | Vis-à-vis de notre maison se trouve un supermarché. | = en face de |
| **le long de** | *entlang, längs von* | Le long de la Loire, il y a beaucoup de châteaux. | |
| **au large de** | *vor …, auf der Höhe von* | En été, il y a eu une catastrophe pétrolière au large de la côte bretonne. | |
| **en provenance de** | *aus (… kommend)* | Le vol en provenance de Paris est en retard. | ≠ en direction de, vers |
| **en direction de** | *nach* | Je prends le train en direction de Marseille. | = vers<br>≠ en provenance de |
| **vers** | *in Richtung, nach, gegen [örtlich]* | Elle se dirige vers la sortie du métro. | = en direction de |
| **il y a** | *vor [zeitlich]* | Mes parents ont acheté cette maison il y a 10 ans. | |
| **à l'époque de** | *zur Zeit von* | À l'époque de Louis XIV, les hommes portaient des perruques. | = au temps de |
| **pendant** | *während* | Mon père lit le journal pendant le petit-déjeuner. | |
| **au cours de** | *im Laufe von* | Je suis tombé malade au cours de la journée. | |
| **à travers** | *durch (… hindurch)* | Le paysage a beaucoup changé à travers les siècles. | |
| **à la sortie de** | *beim Verlassen von* | À la sortie de l'école, sa mère l'attendait. | |

| mot français | dt. Bedeutung | phrase française | syn./ant. |
|---|---|---|---|
| **au début de** | *zu Beginn von* | Au début des vacances, il a plu tout le temps. | ≠ à la fin de, au terme de |
| **à la fin de** | *am Ende von* | À la fin des vacances, il a fait beau. | = au terme de<br>≠ au début de |
| **au terme de** | *am Ende von* | Au terme de cinq ans, le patron a licencié la moitié des salariés. | = à la fin de<br>≠ au début de |
| **au bout de** | *nach, am Ende von* | Au bout de deux ans, il avait fini ses études. | = au fond de, après |
| **à la veille de** | *am Vorabend, kurz vor* | À la veille de son anniversaire, le petit Luc a eu des problèmes à s'endormir. | ≠ au lendemain de |
| **au lendemain de** | *am Tag nach, kurz nach* | Au lendemain du cambriolage, la police avait déjà arrêté les voleurs. | ≠ à la veille de |
| **lors de** | *anlässlich, bei* | Jean a été arrêté lors d'une manifestation. | = à l'occasion de |
| **à l'occasion de** | *anlässlich* | Je l'ai vu à l'occasion de son anniversaire. | = lors de |
| **à partir de** | *ab, von … an* | À partir de demain, le magasin sera fermé. | = dès |
| **dès** | *gleich bei, ab* | Mon enfant fait des bêtises dès le petit-déjeuner. | = déjà, à partir de |
| **d'ici à** | *bis* | La grève durera d'ici à la semaine prochaine. | = jusqu'à |
| **à la suite de** | *im Anschluss an* | À la suite de longues discussions, les parents ont augmenté l'argent de poche de leur fils. | ≠ avant |
| **par suite de** | *infolge* | Par suite de la diffusion des smartphones, le nombre d'accidents de la route augmente. | |

| mot français | dt. Bedeutung | phrase française | syn./ant. |
|---|---|---|---|
| **autour de** | *um (… herum)* | Elle va partir autour de 15 heures. | = vers |
| **vers** | *um (… herum), gegen [zeitlich]* | Mon père arrivera vers 18 heures. | = autour de, à environ |
| **en raison de** | *aufgrund, wegen* | Il n'a pas eu ce poste en raison de sa maladie. | = à cause de |
| **vu** | *in Anbetracht, angesichts* | Vu la pluie, personne n'a envie de faire une promenade. | |
| **faute de** | *mangels, aus Mangel an* | Faute d'argent, je n'ai pas acheté un ordinateur plus performant. | |
| **par peur/crainte de** | *aus Angst/ Furcht vor* | Par crainte de mon chien, notre voisin ne passe plus devant notre maison. | |
| **malgré** | *trotz, ungeachtet* | Malgré le fait que je mange beaucoup de chocolat, je ne suis pas gros. | = en dépit de |
| **en dépit de** | *trotz, ungeachtet* | En dépit de médicaments, je ne guéris pas. | = malgré |
| **en cas de** | *im Falle von, bei* | Tu as des conseils utiles pour savoir quoi faire en cas d'accident ? | |
| **à l'aide de qc** | *mithilfe von etw.* | À l'aide de mon dictionnaire, j'ai réussi à traduire le texte. | |
| **avec l'aide de qn** | *mithilfe von jdm.* | Avec l'aide de ma mère, j'ai eu une bonne note en maths. | |
| **grâce à** | *dank, durch, aufgrund* | Grâce à ma mère, j'arrive à comprendre les maths. | |
| **sous l'effet de** | *unter der Wirkung von, unter Einfluss von* | Sous l'effet des médicaments, Luc n'a pas ressenti de douleurs. | |

| mot français | dt. Bedeutung | phrase française | syn./ant. |
|---|---|---|---|
| **en tant que** | *als, in der Funktion des/der …* | En tant que président de la République, Sarkozy a fait beaucoup de réformes. | = comme |
| **selon** | *gemäß, nach* | Selon mon professeur, je devrais redoubler. | = d'après |
| **aux yeux de** | *in den Augen von* | Aux yeux de ma mère, je ne travaille pas assez. | = à l'avis de |
| **en matière de** | *in Sachen, hinsichtlich* | Je ne m'y connais pas en matière d'économie. | = dans le domaine de |
| **dans le domaine de** | *auf dem Gebiet, im Bereich* | Il n'est pas très fort dans le domaine de l'informatique. | = en matière de |
| **sur le plan de** | *hinsichtlich, in Bezug auf* | L'usine doit remplir certaines conditions sur le plan de la sécurité. | = en ce qui concerne |
| **quant à** | *was betrifft, was angeht* | Ma copine aime beaucoup le théâtre. Quant à moi, je préfère le cinéma. | = en ce qui concerne |
| **au lieu de** | *(an)statt, anstelle von* | Au lieu de travailler pour l'école, je préfère faire des courses en ville. | |
| **en faveur de** | *zugunsten* | Le juge a pris sa décision en faveur du coupable. | = au profit de<br>≠ au détriment de, aux dépens de |
| **au profit de** | *zugunsten* | Mon chanteur préféré a donné un concert au profit d'une association humanitaire. | = en faveur de<br>≠ au détriment de, aux dépens de |
| **au détriment de** | *zum Nachteil/ Schaden von* | L'enfant a encaissé des chèques au détriment de ses parents. | = aux dépens de<br>≠ au profit de, en faveur de |

| mot français | dt. Bedeutung | phrase française | syn./ant. |
|---|---|---|---|
| **aux dépens de** | *auf Kosten von* | Les hommes vivent aux dépens de la nature. | = au détriment de<br>≠ au profit de, en faveur de |
| **à l'exception de** | *mit Ausnahme von* | Jean travaille tous les jours à l'exception du dimanche. | = sauf, excepté |
| **à la recherche de** | *auf der Suche nach* | Beaucoup de jeunes parents sont à la recherche de plus de temps libre. | = en quête de |
| **à l'égard de** | *gegenüber, was betrifft* | Il déteste l'indifférence des jeunes à l'égard des adultes. | |
| **auprès de** | *bei, neben* | Je me suis excusé auprès de ma mère. | |
| **en souvenir de** | *zur Erinnerung an* | Il s'est fait faire un tatou en souvenir de sa copine. | |
| **à l'exemple de** | *nach dem Beispiel von* | La Bible dit qu'il faut aimer à l'exemple de Jésus-Christ. | |
| **en réponse à** | *als Antwort auf* | En réponse à sa question, elle lui a montré la facture. | |
| **comparé à** | *im Vergleich zu, verglichen mit* | Comparé à ma mère, mon père n'aime pas faire la cuisine. | = en comparaison de/avec, par rapport à |
| **en comparaison de/avec** | *im Vergleich zu, verglichen mit* | En comparaison avec les Allemands, les Français mangent plus de fromage. | = comparé à, par rapport à |
| **par rapport à** | *im Vergleich/Verhältnis zu* | Elle est très intelligente par rapport à ses frères et sœurs. | = comparé à, en comparaison de/avec |
| **à la différence de** | *im Unterschied/Gegensatz zu* | À la différence de ma copine, je travaille beaucoup pour l'école. | = au contraire de, contrairement à, en contraste avec |

| mot français | dt. Bedeutung | phrase française | syn./ant. |
|---|---|---|---|
| **au contraire de** | *im Unterschied/ Gegensatz zu* | Au contraire de mon frère, j'ai de bonnes notes en maths. | = contrairement à, à la différence de, en contraste avec |
| **contrairement à** | *im Unterschied/ Gegensatz zu* | Contrairement à ma copine, j'adore le savoir-vivre. | = au contraire de, à la différence de, en contraste avec |
| **en contraste avec** | *im Unterschied/ Gegensatz zu* | En contraste avec l'autre hôtel, celui-ci est beaucoup plus cher. | = au contraire de, à la différence de, contrairement à |

## 2 *Les connecteurs* – Verbindende Ausdrücke

### *Les connecteurs copulatives et disjonctives* – Aneinanderreihende und ausschließende verbindende Ausdrücke

| mot français | dt. Bedeutung | phrase française | syn./ant. |
|---|---|---|---|
| **ainsi que** | *sowie, genauso wie, ähnlich wie* | Lui est blond, ainsi que son frère. | = comme, de même que |
| **de même que** | *sowie, genauso wie, ähnlich wie* | De même que Luc, Jean est brun. | = comme, ainsi que |
| **non seulement … mais aussi** | *nicht nur …, sondern auch* | Il a non seulement fumé mais aussi bu de l'alcool. | = non seulement…mais encore |
| **ou (bien)** | *oder (aber)* | Tu me rends mon livre ou bien tu me le paies. | ≠ et |
| **soit… soit** | *(entweder) … oder* | Soit tu m'accompagnes soit tu restes ici. | = ou (bien)… ou (bien) |
| **ou (bien)… ou (bien)** | *(entweder) … oder* | Ou bien tu aides ta mère ou bien ton père. | = soit…soit |
| **et… et** | *sowohl … als auch* | Et mon frère et mon père ont les yeux bleus. | ≠ ne…ni…ni, ni…ni…ne |

| mot français | dt. Bedeutung | phrase française | syn./ant. |
|---|---|---|---|
| **ne…ni…ni** | *weder … noch* | Cet élève n'est ni bon en maths ni en langues. | ≠ et…et |
| **ni…ni…ne** | *weder … noch* | Ni mon père ni ma mère n'aime faire la vaisselle. | ≠ et…et |

## *Les connecteurs temporelles* – Temporale Beziehungen (Zeit)

| mot français | dt. Bedeutung | phrase française | syn./ant. |
|---|---|---|---|
| **quand + *ind.*** | *wenn, als* | Ma mère a été contente quand je suis tombé amoureux de cette fille. | = lorsque + *ind.* |
| **lorsque + *ind.*** | *wenn, als* | Lorsque mon père a arrêté de travailler, il a commencé à jouer de la guitare. | = quand + *ind.* |
| **après que + *ind.*** | *nachdem* | Il va toujours se promener après qu'il a mangé. | ≠ avant que + *subj.* |
| **avant que + *subj.*** | *bevor* | Avant que je fasse mes devoirs, je dors un peu. | ≠ après que + *ind.* |
| **depuis que + *ind.*** | *seit(dem)* | Depuis qu'il a une copine, il ne sort plus. | |
| **(à) chaque fois que + *ind.*** | *jedes Mal, wenn* | Chaque fois qu'il me voit, il me fait un grand sourire. | = toutes les fois que + *ind.* |
| **pendant que + *ind.*** | *während* | Pendant qu'il regardait la télé, sa femme lisait un livre. | = tandis que + *ind.* |
| **tandis que + *ind.*** | *während* | Tandis que mon petit frère dort, je peux travailler tranquillement. | = pendant que + *ind.* |
| **en même temps que + *ind.*** | *zur selben Zeit wie* | J'ai appris la nouvelle en même temps que tu l'as apprise. | |
| **la première fois que + *ind.*** | *das erste Mal, als* | La première fois que j'ai vu ce film, je l'ai trouvé bizarre. | ≠ la dernière fois que + *ind.* |

| mot français | dt. Bedeutung | phrase française | syn./ant. |
|---|---|---|---|
| **jusqu'à ce que + *subj.*** | *(solange) bis* | Je reste à la maison jusqu'à ce que mon ami vienne me chercher. | = jusqu'au moment où + *ind.* |
| **au temps où + *ind.*** | *(zu der Zeit,) als* | Au temps où je faisais mes études, je travaillais souvent à la bibliothèque. | = quand + *ind.* |
| **au moment où** | *in dem Augenblick, in dem* | Au moment où je l'ai aperçu pour la première fois, j'ai su qu'on allait se marier. | |

## *Les connecteurs causales* – Kausale Beziehungen (Grund)

| mot français | dt. Bedeutung | phrase française | syn./ant. |
|---|---|---|---|
| **comme + *ind.*** [Satzanfang] | *weil, da* | Comme il pleut aujourd'hui, je ne sors pas. | |
| **parce que + *ind.*** [Satzmitte] | *weil, da* | Je suis fier de ma note parce que j'ai beaucoup travaillé pour l'interrogation. | |
| **puisque + *ind.*** | *da (ja)* | Puisque mon neveu aime lire, je vais lui offrir un livre. | |
| **étant donné que + *ind.*** | *in Anbetracht der Tatsache, dass* | Étant donné qu'il travaille beaucoup, mon père ne gagne vraiment pas assez. | = vu que + *ind.* |
| **vu que + *ind.*** | *in Anbetracht der Tatsache, dass* | Vu qu'il pleut, je ne sors pas le chien maintenant. | = étant donné que + *ind.* |
| **car** | *denn* | J'adore manger chez ma grand-mère, car ses repas sont excellents. | = en effet |
| **en effet** | *denn, nämlich* | Elle ne peut pas nous accompagner, en effet elle a la grippe. | = car |
| **c'est que + *ind.*** | *dann, weil* | S'il n'est pas venu, c'est qu'il est très malade. | |

| mot français | dt. Bedeutung | phrase française | syn./ant. |
|---|---|---|---|
| **d'autant (plus) que + *ind.*** | *zumal, umso mehr (als)* | Il fait chaud dans la voiture, d'autant plus que la climatisation ne marche pas. | = surtout que + *ind.* |
| **surtout que + *ind.*** | *besonders da, zumal* | Le bébé crie, surtout que sa mère n'est pas là. | = d'autant (plus) que + *ind.* |

## *Les connecteurs finales* – Finale Beziehungen (Ziel, Zweck)

| mot français | dt. Bedeutung | phrase française | syn./ant. |
|---|---|---|---|
| **afin que + *subj.*** | *damit* | Afin que je puisse travailler, j'éteins la radio. | = pour que + *subj.* |
| **pour que + *subj.*** | *damit* | Je travaille beaucoup pendant les cours pour que j'obtienne une bonne note. | = afin que + *subj.* |
| **de peur/crainte que + *subj.*** | *aus Angst/ Furcht, dass; damit nicht* | Je ne quitte plus la maison de peur que je rencontre mon ex. | ≠ pour que + *subj.*, afin que + *subj.* |

## *Les connecteurs consécutives* – Konsekutive Beziehungen (Folge)

| mot français | dt. Bedeutung | phrase française | syn./ant. |
|---|---|---|---|
| **de façon que + *ind.*** | *sodass* | Le professeur parle fort de façon que tous les élèves peuvent l'entendre. | = de manière que + *ind.*, de sorte que + *ind.* |
| **c'est la raison pour laquelle** | *deshalb, deswegen* | Je ne fais jamais mes devoirs. C'est la raison pour laquelle j'ai de mauvaises notes. | = c'est pourquoi, pour cette raison |
| **c'est pourquoi** | *deshalb, deswegen* | Il pleut beaucoup. C'est pourquoi les enfants ne sortent pas. | = c'est la raison pour laquelle, pour cette raison |
| **pour cette raison** | *deshalb, deswegen* | Aujourd'hui, il fait beau. Pour cette raison, tout le monde va à la piscine. | = c'est la raison pour laquelle, c'est pourquoi |

| mot français | dt. Bedeutung | phrase française | syn./ant. |
|---|---|---|---|
| **donc** | *also, folglich* | Je suis malade, donc je reste au lit toute la journée. | = ainsi |
| **aussi** [connecteur] | *daher* | Les bus ne circulent pas aujourd'hui, aussi je devrais aller à l'école à pied. | |
| **si/tellement + *adj./adv.* que + *ind.*** | *so …, dass* | Je suis tellement malade que je ne peux pas sortir. | |

## *Les connecteurs concessives* – Konzessive Beziehungen (Einräumung)

| mot français | dt. Bedeutung | phrase française | syn./ant. |
|---|---|---|---|
| **bien que + *subj.*** | *obwohl, wenn auch* | Bien que je fasse des efforts, mes notes ne s'améliorent pas. | = quoique + *subj.* |
| **quoique + *subj.*** | *obwohl, obgleich* | Quoiqu'elle soit jolie et intelligente, elle ne trouve pas de copain. | = bien que + *subj.* |
| **si + *adj.* que + *subj.*** | *so … auch immer* | Si curieuse que je sois, je n'ose pas lire les e-mails adressés à mon copain. | |

## *Les connecteurs adversatives* – Adversative Beziehungen (Gegensatz)

| mot français | dt. Bedeutung | phrase française | syn./ant. |
|---|---|---|---|
| **alors que + *ind.*** | *während, wohingegen* | Alors qu'il fait presque toujours beau en Provence, il pleut souvent en Bretagne. | = tandis que + *ind.* |
| **mais** | *aber, sondern* | Je ne mange pas beaucoup, mais je ne suis pas mince. | |
| **(il) n'empêche que + *ind.*** | *trotzdem, dennoch* | Tu te couches tard ? Il n'empêche que tu dois te lever tôt demain. | = cependant, malgré cela |

| mot français | dt. Bedeutung | phrase française | syn./ant. |
|---|---|---|---|
| **quand même, tout de même** | *dennoch, trotzdem* | Je donne beaucoup de nourriture à notre chien. Il a quand même toujours faim. | = cependant, néanmoins, pourtant, toutefois, malgré cela |
| **pourtant** | *dennoch, trotzdem* | Je ne suis pas gentil avec mon frère. Pourtant, il m'aime. | = cependant, néanmoins, quand même, tout de même, toutefois, malgré cela |
| **cependant** | *dennoch, jedoch* | Je suis nulle en allemand. Cependant, j'aime cette langue. | = néanmoins, pourtant, quand même, tout de même, toutefois |
| **toutefois** | *dennoch, jedoch* | Elle a des problèmes à trouver du travail. Elle écrit toutefois beaucoup de lettres de candidature. | = cependant, néanmoins, pourtant, quand même, tout de même, malgré cela |
| **néanmoins** | *nichtsdestoweniger, dennoch, trotzdem* | Mon frère dort beaucoup, néanmoins il est toujours fatigué. | = cependant, pourtant, quand même, tout de même, toutefois, malgré cela |
| **en revanche** | *dafür, dagegen* | Je ne fais pas beaucoup de sport. En revanche, j'essaie de sortir le chien le plus souvent possible. | = par contre, au contraire |
| **quoi que + *subj.*** | *was auch immer* | Quoi qu'il fasse, ses parents ne sont jamais contents. | |

## *Les connecteurs conditionnelles* – Konditionale Beziehungen (Bedingung)

| mot français | dt. Bedeutung | phrase française | syn./ant. |
|---|---|---|---|
| **si + *ind.*** | *wenn, falls* | Si j'avais beaucoup d'argent, je m'achèterais une belle voiture. | = au cas où + *cond.* |
| **au cas où + *cond.*** | *für den Fall, dass, wenn, falls* | Au cas où j'aurais de bonnes notes, mes parents m'offriront un nouvel ordinateur. | = si + *ind.* |
| **même si + *ind.*** | *selbst wenn, auch wenn* | Même si le professeur était sympa, je n'aimerais pas les maths. | |
| **à condition que + *subj.*** | *unter der Bedingung, dass* | Ma mère me donne de l'argent à condition que je fasse les courses pour elle. | = pourvu que + *subj.* |
| **pourvu que + *subj.*** | *vorausgesetzt, dass* | Je lui dirai la vérité, pourvu qu'il me rende visite. | = à condition que + *subj.* |
| **à moins que + *subj.*** | *es sei denn, dass* | J'aurai encore de mauvaises notes en allemand à moins que mon corres veuille bien m'aider. | |

## *Les connecteurs modales* – Modale Beziehungen (Art und Weise)

| mot français | dt. Bedeutung | phrase française | syn./ant. |
|---|---|---|---|
| **sans que + *subj.*** | *ohne dass* | Je suis allé au lit sans que ma mère m'ait dit bonne nuit. | |
| **sauf que + *ind.*** | *außer wenn* | J'aime bien cette série, sauf que les épisodes durent trop longtemps. | = excepté que + *ind.* |
| **au fur et à mesure que + *ind.*** | *in dem Maße, wie* | Au fur et à mesure que les catastrophes naturelles se multiplient, les gens se rendent davantage compte du changement climatique. | = à mesure que + *ind.* |

| mot français | dt. Bedeutung | phrase française | syn./ant. |
|---|---|---|---|
| **selon que + *ind.*** | *je nachdem, ob* | Elle met des vêtements jaunes ou noirs selon qu'il fait beau ou qu'il pleut. | = suivant que + *ind.* |

## 3 *La comparaison et le contraire* – Vergleich und Gegenteil

| mot français | dt. Bedeutung | phrase française | syn./ant. |
|---|---|---|---|
| **moins que** | *weniger als* | Ma sœur dort moins que moi, seulement six heures par nuit. | ≠ plus que |
| **plus que** | *mehr als* | Elle travaille plus que lui. | ≠ moins que |
| **de même que** | *ebenso wie* | Je fais de même que ma mère : je ne prends jamais le petit-déjeuner. | |
| **autant que** | *ebenso viel, ebenso sehr wie* | Ma meilleure copine gagne autant que moi. | |

## 4 *L'énumération et l'argumentation* – Aufzählung und Argumentation

| mot français | dt. Bedeutung | phrase française | syn./ant. |
|---|---|---|---|
| **(tout) d'abord** | *zuerst, zunächst* | D'abord, je mange, puis, je range ma chambre. | = en premier lieu, premièrement ≠ en dernier lieu, enfin |
| **en premier lieu** | *zuerst, zunächst, in erster Linie* | En premier lieu, il faut mettre les œufs dans la pâte du gâteau. | = (tout) d'abord, premièrement ≠ en dernier lieu, enfin |

| mot français | dt. Bedeutung | phrase française | syn./ant. |
|---|---|---|---|
| **au début** | *am Anfang, zu Beginn* | Au début, j'avais peur de faire de l'escalade, mais maintenant, ça me plait beaucoup. | ≠ à la fin |
| **pour commen-cer** | *am Anfang, zu Beginn* | Pour commencer, il faut dire que tous les enfants sont curieux. | ≠ pour termi-ner, pour finir |
| **premièrement** | *erstens* | Premièrement, il pleut. | = (tout) d'abord, en premier lieu |
| **deuxièmement** | *zweitens* | Deuxièmement, je n'ai pas envie de sortir. | |
| **troisièmement** | *drittens* | Troisièmement, il y a mon émission préférée à la télé. | |
| **après (cela)** | *danach, dann* | Tu viens avec moi en ville et après, on va au cinéma? | = puis, ensuite |
| **de plus** | *außerdem* | Ma mère m'interdit de sor-tir ce soir. De plus, je dois faire le ménage. | = en plus, en outre |
| **en plus** | *außerdem* | Il lui a offert un cadeau et en plus, il a fait un gateau. | = de plus, en outre |
| **en outre** | *außerdem, über-dies* | Il faut que je fasse mes de-voirs. En outre, je dois ran-ger ma chambre. | = de plus, en plus |
| **ajouté à cela** | *dazu kommt, dass* | Je suis enrhumé. Ajouté à cela, j'ai mal à la tête. | |
| **également** | *gleichermaßen, auch* | J'ai la grippe depuis hier. Ma mère est également malade. | = aussi |
| **à part cela** | *abgesehen davon* | J'ai mal au ventre. À part cela, je vais très bien. | = cela mis à part |
| **cela mis à part** | *abgesehen davon* | Je suis nulle en allemand. Cela mis à part, je n'aime pas mon professeur. | = à part cela |

| mot français | dt. Bedeutung | phrase française | syn./ant. |
|---|---|---|---|
| **d'ailleurs** | *übrigens, im Übrigen* | D'ailleurs, sa mère a appelé trois fois aujourd'hui. | = par ailleurs |
| **par ailleurs** | *übrigens, im Übrigen* | Je suis malade. Par ailleurs, je suis de mauvaise humeur aussi. | = d'ailleurs |
| **alors** | *da, dann, folglich, also, weshalb* | Il pleuvait, alors j'ai pris mon parapluie. | |
| **en conséquence** | *infolgedessen, folglich, daher* | Mes parents sont en vacances. En conséquence, ils sont de très bonne humeur. | = par conséquent |
| **par conséquent** | *infolgedessen, folglich, daher* | L'homme politique a fait beaucoup de promesses. Par conséquent, il doit les tenir. | = en conséquence |
| **il en résulte que + *ind.*** | *daraus ergibt sich, dass* | Les centrales nucléaires sont très dangereuses. Il en résulte qu'il faut les remettre en cause. | = il s'ensuit que + *ind.* |
| **il s'ensuit que + *ind.*** | *daraus geht hervor, dass* | Le sondage a été publié. Il s'ensuit que trop de jeunes fument. | = il en résulte que + *ind.* |
| **en dernier lieu** | *an letzter Stelle, zuletzt, schließlich* | Pour faire ce gâteau, il faut ajouter les noix en dernier lieu. | = enfin, ≠ (tout) d'abord, en premier lieu, premièrement |
| **pour finir** | *am Ende* | Pour finir, je constate que lutter contre le racisme vaut toujours la peine. | = pour terminer ≠ pour commencer |
| **en conclusion** | *abschließend, zum Abschluss* | En conclusion, on peut dire que les jeunes d'aujourd'hui consomment trop d'alcool. | = comme résultat, pour conclure |

| mot français | dt. Bedeutung | phrase française | syn./ant. |
|---|---|---|---|
| **pour conclure** | *folglich, abschließend* | Pour conclure, je citerai un homme politique connu. | = comme résultat, en conclusion |
| **bref** | *kurz(um), mit einem Wort* | Je n'aime pas travailler, bref je suis un vrai paresseux. | = en un mot |
| **en un mot** | *kurz(um), mit einem Wort* | Mon rendez-vous en un mot ? « La catastrophe ! » | = bref |
| **en résumé** | *zusammenfassend (lässt sich sagen)* | En résumé, je constate que la xénophobie est un problème important. | = pour résumer |
| **en somme** | *alles in allem, aufs Ganze gesehen* | Parfois, elle est méchante avec son frère, mais en somme, c'est une personne adorable. | = somme toute |
| **somme toute** | *alles in allem* | Somme toute, il est content de sa vie professionnelle. | = en somme |
| **en fin de compte** | *schließlich, letztlich, letzten Endes* | En fin de compte, elle a acheté les chaussures au lieu du pantalon. | = tout compte fait |
| **tout compte fait** | *schließlich, letztlich, letzten Endes* | Tout compte fait, je suis heureux de vivre en France. | = en fin de compte |

## 5 *L'indication du temps* – Zeitangaben

| mot français | dt. Bedeutung | phrase française | syn./ant. |
|---|---|---|---|
| **à ce moment-là** | *damals, zu dem Zeitpunkt* | À ce moment-là, je ne savais pas comment me comporter. Maintenant, je le sais. | = alors, à l'époque |
| **à l'époque** | *damals* | À l'époque, j'étais assez sportif. | = alors, à ce moment-là |
| **autrefois** | *früher, damals, einst* | Autrefois, les gens n'avaient ni Internet ni portable. | = jadis ≠ aujourd'hui, actuellement |

| mot français | dt. Bedeutung | phrase française | syn./ant. |
|---|---|---|---|
| **jadis** | *früher, damals, einst* | Jadis, tous les hommes portaient des chapeaux. | = autrefois<br>≠ aujourd'hui, actuellement |
| **dans le passé** | *in der Vergangenheit* | Dans le passé, les professeurs étaient plus sévères. | ≠ à l'avenir, aujourd'hui |
| **à l'avenir** | *in Zukunft, künftig* | À l'avenir, je vais aider plus mes parents. | ≠ dans le passé, aujourd'hui |
| **en même temps** | *gleichzeitig* | En même temps, j'arrive à faire mes devoirs et écouter de la musique. | |
| **en ce moment** | *zurzeit* | En ce moment, je suis souvent de mauvaise humeur. | = maintenant |

## 6 *L'infinitif* – Infinitivkonstruktionen

| mot français | dt. Bedeutung | phrase française | syn./ant. |
|---|---|---|---|
| **venir de faire qc** | *gerade etw. getan haben* | Elle vient de faire ses devoirs. | ≠ aller faire qc |
| **être en train de faire qc** | *dabei sein, etw. zu tun* | Je suis en train de faire la cuisine pour toute la famille. | |
| **être sur le point de faire qc** | *im Begriff sein, etw. zu tun* | Je suis sur le point de partir, tu m'accompagnes ? | |
| **aller faire qc** | *etw. tun werden* | Aujourd'hui, je vais faire du sport avec une copine. | ≠ venir de faire qc |
| **se mettre à faire qc** | *beginnen/anfangen, etw. zu tun* | Demain, je me mettrai à faire du sport. | = commencer à faire qc<br>≠ arrêter de faire qc |
| **commencer par faire qc** | *zuerst/anfangs etw. tun* | Je commence par faire mes devoirs, puis je vais jouer avec ma sœur. | ≠ finir par faire qc |

| mot français | dt. Bedeutung | phrase française | syn./ant. |
|---|---|---|---|
| **finir par faire qc** | *am Ende/schließlich etw. tun* | Tous les élèves ont fini par chanter une chanson ensemble. | ≠ commencer par faire qc |
| **continuer à/de faire qc** | *weiter(hin) etw. tun* | Je continuerai à fumer même si c'est mauvais pour la santé. | |
| **arriver à faire qc** | *es schaffen, etw. zu tun* | J'espère que j'arriverai à trouver un copain cette année ! | = réussir à faire qc, parvenir à faire qc |
| **avoir beau faire qc** | *etw. noch so sehr tun können/mögen* | J'ai beau chercher ma clé, je ne la trouve pas. | |
| **faire à qn faire qc** | *jdn. etw. tun lassen [veranlassen]* | Ma mère me fait faire la vaisselle tous les jours. | |
| **laisser qn faire qc** | *jdn. etw. tun lassen [erlauben]* | Mon père me laisse sortir jusqu'à minuit. | |
| **à condition de faire qc** | *unter der Bedingung, etw. zu tun* | À condition de trouver du travail, elle va s'acheter une nouvelle voiture. | |
| **avant de faire qc** | *bevor* | Avant d'aller à l'école, je prends le petit déjeuner à la maison. | ≠ après avoir fait qc |
| **après avoir/être + *participe passé*** | *nachdem* | Je suis tombée amoureuse après être allée au cinéma avec elle. | ≠ avant de faire qc |
| **sans faire qc** | *ohne etw. zu tun* | Tu ne peux pas réussir en langues sans apprendre le vocabulaire. | |
| **pour faire qc** | *um etw. zu tun* | Ma mère fait la cuisine pour impressionner sa belle-mère. | |

# *Faux amis français-allemand –* Falsche Freunde Französisch-Deutsch

| faux ami | dt. Bedeutung | vrai mot français | dt. Bedeutung |
|---|---|---|---|
| **l'académicien** [m], **l'académicienne** | *Mitglied der Académie française* | **le diplômé, la diplômée** | *Akademiker*in* |
| **l'acte** [m] | *Urkunde, Handlung, Akt* | **le dossier** | *Akte* |
| **les aliments** [m/pl] | *Lebensmittel* | **la pension alimentaire** | *Alimente* |
| **l'ambulance** [f] | *Krankenwagen* | **l'hôpital** [m] **de jour** | *Ambulanz* |
| **l'appartement** [m] | *Wohnung* | **le studio** | *Apartment, 1-Zimmer-Wohnung* |
| **l'art** [m] | *Kunst* | **l'espèce** [f]/ **la manière** | *Art* |
| **l'artiste** [m/f] | *Künstler*in* | **l'acrobate** [m/f] | *Artist*in* |
| **l'attestation** [f] | *Bestätigung* | **le certificat médical** | *Attest* |
| **attractif, -ve** | *anziehend [Physik etc.]* | **attirant, e** | *attraktiv* |
| **le(s) bagage(s)** [m/pl] | *Gepäck(stück)* | **la racaille** [péj.] | *„Bagage", Abschaum* |
| **le baiser** | *Kuss* | **la meringue** | *Baiser* |
| **la balade** | *Spaziergang* | **la ballade** | *Ballade* |
| **la balance** | *Waage* | **l'équilibre** [m] | *Balance* |
| **le banc** | *Sitzbank* | **la banque** | *Bank [Geldinstitut]* |
| **la batterie** | *Schlagzeug* | **la pile** | *Batterie* |
| **la benzine** | *Waschbenzin* | **l'essence** [f] | *Benzin* |
| **blâmer** | *tadeln* | **ridiculiser** | *blamieren* |
| **la blouse** | *(Arbeits-)Kittel* | **le chemisier** | *Bluse* |

| faux ami | dt. Bedeutung | vrai mot français | dt. Bedeutung |
|---|---|---|---|
| **brave** | *mutig, gut* | **sage** | *brav* |
| **le briquet** | *Feuerzeug* | **la briquette** | *Brikett* |
| **le cavalier, la cavalière** | *Reiter*in, Tanzpartner*in* | **l'homme** [m] **galant/ le gentleman** | *Kavalier* |
| **le champignon** | *Pilz* | **le champignon de Paris** | *Champignon* |
| **chauffer** | *erhitzen* | **conduire** | *chauffieren* |
| **le clavier** | *Tastatur* | **le piano** | *Klavier* |
| **le coffre** | *Kofferraum* | **la valise** | *Koffer* |
| **le compas** | *Zirkel* | **la boussole** | *Kompass* |
| **le concours** | *Wettbewerb* | **la faillite** | *Konkurs* |
| **le costume** | *Anzug* | **le tailleur** | *Kostüm* |
| **la course** | *Rennen, Einkauf* | **le cours** | *Kurs* |
| **le couvert** | *Gedeck* | **l'enveloppe** [f] | *Kuvert* |
| **délicat, e** | *empfindlich, heikel* | **délicieux, -se** | *delikat, wohlschmeckend* |
| **la démonstration** | *Vorführung* | **la manifestation** | *Demonstration* |
| **le dirigeant, la dirigeante** | *Leiter*in* | **le, la chef d'orchestre** | *Dirigent*in* |
| **effectif, -ve** | *wirksam, tatsächlich* | **efficace** | *effektiv* |
| **l'État** [m]/**l'état** [m] | *Staat, Zustand* | **le budget** | *Etat [Haushalt]* |
| **familier, -ère** | *vertraut, geläufig* | **familial, e** | *familiär* |
| **fidèle** | *zuverlässig, treu* | **gai, e** | *fidel, fröhlich* |
| **la figure** | *Gesicht* | **la silhouette** | *Figur* |
| **la folie** | *Wahnsinn* | **le papier cellophane** | *Folie* |
| **la fontaine** | *Brunnen* | **le jet d'eau** | *Fontäne* |
| **la frisure** | *Kräuselung* | **la coiffure** | *Frisur* |

| faux ami | dt. Bedeutung | vrai mot français | dt. Bedeutung |
|---|---|---|---|
| **la glace** | *Eis, Spiegel* | **le verre** | *Glas* |
| **gros, se** | *dick* | **grand, e** | *groß* |
| **le gymnase** | *Turnhalle* | **le lycée** | *Gymnasium* |
| **la halle** | *Markthalle* | **le hall** | *Halle* |
| **impotent, e** | *bewegungsunfähig* | **impuissant, e** | *impotent* |
| **indiscutable** | *unbestreitbar, ganz klar* | **inadmissible** | *indiskutabel* |
| **l'infusion [f]** | *(Kräuter-)Tee* | **la perfusion** | *Infusion* |
| **la jalousie** | *Eifersucht* | **le store (vénitien)** | *Jalousie* |
| **le Jura** | *Gebirgszug* | **le droit** | *Jura* |
| **la maisonnette** | *kleines Häuschen* | **le duplex** | *Maisonnette* |
| **la mamie** | *Oma* | **la maman** | *Mami, Mama* |
| **la marmelade** | *Kompott, Mus* | **la confiture** | *Marmelade, Konfitüre* |
| **la modération** | *Mäßigung, Zurückhaltung* | **l'animation [f]/ la présentation** | *Moderation* |
| **modérer** | *mäßigen, zügeln* | **animer, présenter** | *moderieren* |
| **le moral** | *Stimmung* | **la morale** | *Moral* |
| **net, te** | *sauber, deutlich* | **gentil, le** | *nett* |
| **le nougat** | *türkischer Honig* | **la crème pralinée** | *Nugat* |
| **ordinaire** | *gewöhnlich, üblich* | **vulgaire** | *ordinär* |
| **originel, le** | *ursprünglich* | **original, e** | *originell* |
| **le papi** | *Opa* | **le papa** | *Papi, Papa* |
| **le paquet** | *Schachtel, Packung* | **le colis** | *Paket* |
| **la parole** | *Wort, Sprache* | **le slogan** | *Parole* |
| **le, la pensionnaire** | *Internatsschüler*in, Pensionsgast* | **le retraité, la retraitée** | *Pensionär*in, Rentner*in* |
| **la politesse** | *Höflichkeit* | **la contractuelle** | *Politesse, Parkscheinkontrolleurin* |

| faux ami | dt. Bedeutung | vrai mot français | dt. Bedeutung |
|---|---|---|---|
| **le pratiquant, la pratiquante** | *praktizierende*r Gläubige*r* | **le, la stagiaire** | *Praktikant*in* |
| **la promotion** | *Sonderangebot, Beförderung* | **la thèse/ le doctorat** | *Promotion* |
| **la pute** [péj.] | *Prostituierte* | **la dinde** | *Pute* |
| **la raquette** | *Schläger* | **la fusée** | *Rakete* |
| **le rat** | *Ratte* | **le conseil** | *Rat* |
| **la recette** | *(Koch-)Rezept* | **l'ordonnance** [f] | *(Arzneimittel-) Rezept* |
| **le régal** | *Delikatesse, Genuss* | **l'étagère** [f] | *Regal* |
| **le régisseur, la régisseuse** | *Regieassistent*in* | **le, la metteur en scène, le réalisateur, la réalisatrice** | *Regisseur*in* |
| **le roc** | *Felsen* | **la jupe** | *Rock* |
| **le rouleau** | *Rolle* | **le store** | *Rollo* |
| **la route** | *Straße* | **l'itinéraire** [m] | *Route* |
| **le secret** | *Geheimnis* | **la sécrétion** | *Sekret* |
| **sortir** | *hinausgehen* | **trier qc** | *etw. sortieren* |
| **le stock** | *Vorrat* | **le bâton** | *Stock* |
| **la tablette** | *Tafel, Ablage, Tablet* | **le plateau** | *Tablett* |
| **le thé** | *schwarzer Tee* | **l'infusion** [f]/ **la tisane** | *(Kräuter-)Tee* |
| **la tour** | *Turm* | **le tour** | *Tour* |
| **trainer** | *herumhängen* | **s'entrainer** | *trainieren* |
| **le trésor** | *Schatz* | **le coffre-fort** | *Tresor* |
| **le tricot** | *Stricken* | **le maillot** | *Trikot* |
| **la vase** | *Schlamm* | **le vase** | *Vase* |
| **la veste** | *Jacke* | **le gilet** | *Weste* |

# Verwechslungen mit dem Englischen

## *Faux amis français-anglais –*<br>Falsche Freunde Französisch-Englisch

| falscher Freund | dt. Bedeutung | frz. Wort | dt.Bedeutung |
|---|---|---|---|
| **actuellement** | *jetzt* | **vraiment** | *wirklich* |
| **l'affaire** [f] | *Angelegenheit* | **la relation amoureuse/ la liaison** | *Affäre* |
| **assister à qc** | *an etw. teilnehmen* | **aider** | *helfen* |
| **le car** | *Reisebus* | **la voiture** | *Auto* |
| **le caractère** | *Wesen, Charakter* | **le personnage** | *Person, Persönlichkeit* |
| **la date** | *Datum* | **le rendez-vous** | *Date* |
| **demander** | *fragen* | **exiger** | *verlangen* |
| **digital, e** | *Finger-, digital* | **numérique** | *digital* |
| **éventuellement** | *möglicherweise* | **finalement** | *schließlich* |
| **large** | *breit, weit* | **grand, e** | *groß* |
| **la librairie** | *Buchhandlung* | **la bibliothèque** | *Bibliothek* |
| **la location** | *Vermietung, Verleih* | **l'endroit** [m] | *Ort* |
| **la mémoire** | *Gedächtnis* | **le souvenir** | *Erinnerung* |
| **prévenir** | *warnen* | **empêcher** | *verhindern* |
| **rester** | *bleiben* | **se reposer** | *sich ausruhen* |
| **le stage** | *Praktikum* | **la scène** | *Bühne* |
| **supporter** | *ertragen* | **soutenir** | *unterstützen* |

## *Liste des mots avec une orthographe similaire en français et anglais –* Liste von Wörtern mit ähnlicher Rechtschreibung im Französischen und Englischen

| français | anglais |
|---|---|
| **l'adresse** [m] | address |
| **l'adulte** [m/f] | adult |
| **agressif, -ve** | aggressive |
| **l'avantage** [m] | advantage |
| **le conflit** | conflict |
| **l'étranger** [m] | stranger |
| **l'étudiant, e** [m/f] | student |
| **l'exemple** [m] | example |
| **l'exercice** [m] | exercise |
| **la grammaire** | grammar |
| **la personne** | person |
| **le problème** | problem |
| **le projet** | project |
| **le texte** | text |

# *Liste d'abréviations françaises –* Liste französischer Abkürzungen

| Abréviation | Explication | dt. Bedeutung |
|---|---|---|
| **ARTE** | l'Association Relative à la Télévision Européenne | *ARTE [deutsch-französischer Fernsehsender]* |
| **av.** | avenue | *Avenue, Prachtstraße* |
| **av. J.-C.** | avant Jésus-Christ | *v. Chr.* |
| **apr. J.-C.** | après Jésus-Christ | *n. Chr.* |
| **bac** | le baccalauréat | *Abi(tur)* |
| **bac général** | le baccalauréat général | *Abitur [im allgemeinbildenden Zweig]* |
| **bac ES** | le baccalauréat sciences économiques et sociales | *Abitur [wirtschaftlich]* |
| **bac L** | le baccalauréat littéraire | *Abitur [literarisch-sprachlich]* |
| **bac S** | le baccalauréat scientifique | *Abitur [mathematisch-naturwissenschaftlich]* |
| **bac pro** | le baccalauréat professionnel | *Abitur [im berufsbildenden Zweig]* |
| **bac techno** | le baccalauréat technologique | *Abitur [im technischen Zweig]* |
| **BCE** | la Banque centrale européenne | *Europäische Zentralbank, EZB* |
| **bd./boul.** | boulevard | *Allee, Boulevard* |
| **BD** | la bande dessinée | *Comic* |
| **BTS** | le brevet de technicien supérieur | *[Hochschulabschluss an der section de technicien supérieur]* |
| **c.-à.-d.** | c'est-à-dire | *das heißt, d. h.* |
| **CAP** | le certificat d'aptitude professionnelle | *[Berufsschulabschluss]* |
| **CDD** | le contrat à durée déterminée | *befristetes Arbeitsverhältnis* |
| **CDI** | le contrat à durée indéterminée | *unbefristetes Arbeitsverhältnis* |

| Abréviation | Explication | dt. Bedeutung |
| --- | --- | --- |
| **CDI** | le centre de documentation et d'information | *Dokumentations- und Informationsstelle [in Schulen]* |
| **CE1** | le cours élémentaire première année | *[zweite Grundschulklasse]* |
| **CE2** | le cours élémentaire deuxième année | *[dritte Grundschulklasse]* |
| **CECA** | la Communauté européenne du charbon et de l'acier | *Europäische Gemeinschaft für Kohle und Stahl [EGKS; Vorläufer der EU bis 1957]* |
| **CEE** | la Communauté économique européenne | *Europäische Wirtschaftsgemeinschaft [EWG, Vorläufer der EU bIs 1993]* |
| **cf.** | confer | *vergleiche, vgl.* |
| **CM1** | le cours moyen première année | *[vierte Grundschulklasse]* |
| **CM2** | le cours moyen deuxième année | *[fünfte Grundschulklasse]* |
| **CP** | le cours préparatoire | *[erste Grundschulklasse]* |
| **CV** | le curriculum vitae | *Lebenslauf* |
| **DNB** | le diplôme national du brevet | *Abschluss des Collèges [≈ mittlere Reife]* |
| **DROM-COM** | les départements et régions d'outre-mer – les collectivités d'outre-mer | *französische Überseegebiete* |
| **DUT** | le diplôme universitaire de technologie | *[Hochschulabschluss am Institut universitaire de technologie]* |
| **EDF** | Électricité de France | *staatliche französische Elektrizitätsgesellschaft* |
| **EELV** | Europe Écologie Les Verts | *Die Grünen [politische Partei]* |
| **ENA** | l'École nationale d'administration | *Elitehochschule [zur Ausbildung für hohe Staatsämter]* |
| **env.** | environ | *ungefähr, ca.* |

| Abréviation | Explication | dt. Bedeutung |
|---|---|---|
| fac | la faculté | *Uni(versität)* |
| FAI | le fournisseur d'accès à Internet | *(Internet-)Provider* |
| FN | le Front national | *Front national [rechtsextreme Partei, seit 2018: RN = Rassemblement national]* |
| Go | le gigaoctet | *Gigabyte, GB* |
| GPS | le Global Positioning System, le Guidage Par Satellite | *Navi(gationsgerät)* |
| HLM | l'habitation à loyer modéré | *[Sozialwohnung]* |
| ibid. | ibidem | *ibidem, ebenda* |
| id. | idem | *ebenso* |
| INSEE | l'Institut national de la statistique et des études économiques | *Nationales Institut für Statistik und Wirtschaftsplanung* |
| ITER | le réacteur thermonucléaire expérimental international | *[internationales Kernfusionsreaktor-Forschungsprojekt]* |
| IUT | l'Institut universitaire de technologie | *[≈ Fachhochschule]* |
| IVG | l'interruption volontaire de grossesse | *Schwangerschaftsabbruch* |
| JT | le journal télévisé | *[abendliche Nachrichtensendung]* |
| Ko | le kilooctet | *Kilobyte, KB* |
| l. | ligne(s) | *Zeile(n), Z.* |
| LaREM | La République en marche | *[liberale politische Partei]* |
| LMD | la Licence-Master-Doctorat | *Bachelor-Master-Doktorat* |
| LV | la langue vivante | *moderne Fremdsprache* |
| M. | Monsieur | *Monsieur, Herr* |
| MJC | la Maison de la jeunesse et de la culture | *Jugendzentrum* |

| Abréviation | Explication | dt. Bedeutung |
|---|---|---|
| **Mlle** | Mademoiselle | *Fräulein* |
| **Mme** | Madame | *Frau* |
| **Mo** | le mégaoctet | *Megabyte, MB* |
| **MoDem** | le Mouvement démocrate | *[französische Partei der Mitte]* |
| **n°** | numéro | *Nummer, Nr.* |
| **NB** | nota bene | *wohlgemerkt, übrigens, Anmerkung* |
| **OFAJ** | l'Office franco-allemand pour la jeunesse | *Deutsch-Französisches Jugendwerk, DFJW* |
| **OGM** | l'organisme génétiquement modifié | *gentechnisch veränderter Organismus* |
| **OIF** | l'Organisation internationale de la Francophonie | *[internationale Instanz der Frankophonie]* |
| **OMS** | l'Organisation mondiale de la Santé | *Weltgesundheitsorganisation, WHO* |
| **ONU** | l'Organisation des Nations Unies | *Organisation der Vereinten Nationen, UNO* |
| **OTAN** | l'Organisation du traité de l'Atlantique Nord | *North Atlantic Treaty Organization, NATO* |
| **p.** | page(s) | *Seite(n), S.* |
| **PACS** | le Pacte Civil de Solidarité | *[anerkannte Lebensgemeinschaft zweier nicht verheirateter – auch gleichgeschlechtlicher – Personen]* |
| **PCF** | le Parti communiste français | *Kommunistische Partei Frankreichs* |
| **PDG** | le Président-directeur général, la Présidente-directrice générale | *Generaldirektor*in, Vorstandsvorsitzende*r* |
| **PIB** | le produit intérieur brut | *Bruttoinlandsprodukt* |
| **PME** | les petites et moyennes entreprises | *mittelständische Betriebe* |

| Abréviation | Explication | dt. Bedeutung |
|---|---|---|
| p.o. | par ordre | *im Auftrag, i. A.* |
| PS | le Parti socialiste | *sozialistische Partei* |
| P.-S. | post-scriptum | *P. S.* |
| PV | le procès-verbal | *Strafmandat, Strafzettel* |
| QCM | le questionnaire à choix multiple | *Multiple-Choice-Fragebogen* |
| QI | le quotient intellectuel | *Intelligenzquotient, IQ* |
| r. | rue | *Straße, Rue* |
| RATP | la Régie autonome des transports parisiens | *[Pariser Verkehrsbetriebe]* |
| REP | le Réseau d'Éducation Prioritaire | *[Maßnahmen für Schulen mit besonderen z. B. sozialen Schwierigkeiten]* |
| RER | le réseau express régional | *Pariser Nahverkehrsnetz* |
| RF | la République française | *Französische Republik* |
| RIB | le relevé d'identité bancaire | *Bankverbindung* |
| RSA | le revenu de solidarité active | *[Sozialleistung, die ein Mindesteinkommen garantiert ≈ Hartz IV]* |
| RN | le Rassemblement national | *Rassemblement national [rechtsextreme Partei, bis 2018: FN = Front national]* |
| RN | route nationale | *Route nationale [≈ Bundesstraße]* |
| RTT | la réduction du temps de travail | *Arbeitszeitverkürzung* |
| s. | siècle | *Jahrhundert, Jh.* |
| SA | la société anonyme | *Aktiengesellschaft, AG* |
| SAMU | le service d'aide médicale d'urgence | *Rettungsdienst, Notarzt* |
| SARL | la société à responsabilité limitée | *Gesellschaft mit beschränkter Haftung, GmbH* |

| Abréviation | Explication | dt. Bedeutung |
|---|---|---|
| **SDF** | le/la sans domicile fixe | *Obdachlose*r* |
| **sida** | le syndrome d'immuno-déficience acquise | *Aids* |
| **SMIC** | le salaire minimum interprofessionnel de croissance | *[(dynamischer) Mindestlohn für alle Berufssparten]* |
| **SNCF** | la Société nationale des chemins de fer français | *französische Staatsbahn* |
| **s.t.p.** | s'il te plait | *bitte [an eine Person gerichtet, die man duzt]* |
| **STS** | la section de technicien supérieur | *[technische Hochschule]* |
| **suiv.** | suivant(s), suivante(s) | *folgende(r), f./ff.* |
| **suppl.** | supplément | *Ergänzung* |
| **s.v.p.** | s'il vous plait | *bitte [gerichtet an eine Person, die man siezt, oder an mehrere Personen]* |
| **t.** | tome | *Band, Bd.* |
| **TF1** | Télévision française première chaine | *[erstes Programm des französischen Fernsehens]* |
| **TGV** | le train à grande vitesse | *[französischer Hochgeschwindigkeitszug, ≈ ICE]* |
| **t.s.v.p.** | tournez, s'il vous plait | *bitte wenden, umblättern, b.w.* |
| **TTC** | toutes taxes comprises | *einschließlich aller Steuern und Gebühren* |
| **TVA** | la taxe sur la valeur ajoutée | *Mehrwertsteuer, MwSt.* |
| **UDI** | l'Union des démocrates et indépendants | *Parteienbündnis der politischen Mitte* |
| **UE** | l'Union européenne | *Europäische Union, EU* |
| **UFA** | l'Université franco-allemande | *Deutsch-Französische Hochschule [DFH]* |
| **v.** | voir | *siehe, s.* |
| **VO** | la version originale | *Originalfassung* |

| Abréviation | Explication | dt. Bedeutung |
|---|---|---|
| vol. | volume | *Band, Bd.* |
| VPC | la vente par correspondance | *Versandhandel* |
| vs | versus | *gegen, im Vergleich zu* |
| VTT | le vélo tout terrain | *Mountainbike* |